학교 교육과 저작권

최 진 원 _ 대구대학교

저작권 사례 OX 퀴즈

저작권 제도 이해하기

저작권법상 보호받는 '저작물'이란 무엇인가?

Q. 원숭이가 카메라를 가져가서 사진을 찍었다. 이 사진을 인터넷에 올리는 것은 저작권 침해가 되는가? 12

Q. 초등학교 1학년 학생이 그린 그림에도 저작권이 인정되나? 13

Q. 교과서도 저작물인가? 교과서를 해설하는 참고서나 동영상 강의를 만들 때 교과서의 집필자 등 교과서 저작권자에게도 허락을 받아야 하나? 13

Q. 시험 문제도 저작물인가? 15

Q. 미국인이 그린 그림은 마음대로 써도 되나? 17

Q. 취재한 사실을 육하원칙에 따라 정리한 기사는 저작물이 아닌가? 45

Q. 영인본(影印本)은 이를 촬영한 사람에게 저작권이 있을까? 46

Q. 고흐의 그림을 마음대로 복제하면 저작권 침해인가? 49

Q. 문화재를 촬영한 사진을 교육 교재에 복사하는 것은, 문화재가 만들어진 지가 이미 수백 년이 지났으므로 저작권 문제가 없다고 알고 있다. 맞는가? 51

Q. 서점에 가니 수험용 판례집이 있다. 판례는 저작권 보호를 받지 못하는 저작물이라고 알고 있다. 책 전체를 복제하여 판매하거나 스캔하여 인터넷에 올려도 괜찮은가? 55

Q. 아이디어는 저작권법에 의해 보호되지 않는다고 들었다. 그럼 아이디어는 베끼는 것을 장려해야 되는 것인가? 56

저작권 사례 OX 퀴즈

Q.	○○고등학교 중간고사 시험 문제의 저작자는 항상 출제 교사인가?	20
Q.	책 뒷면에 ⓒ, Copyright, All rights reserved. 등이 표시된 경우가 많다. 저작권 표시로 알고 있는데, 반대로 이런 표시가 없는 경우에는 자유롭게 이용하라는 의미로 보면 되는가?	23

저작물을 창작한 '저작자'란 누구인가?

Q.	저작권을 넘기면서 저작인격권도 함께 양도한다는 계약서를 작성했다. 저작물에 내 이름을 표시해 달라고 할 수 있는지?	26
Q.	학교가 구입한 그림을 복도에 걸어두려고 한다. 하지만 저작재산권 중에 전시권이란 게 있다고 들었다. 전시권에 대하여 허락을 받지 못하면, 돈 주고 산 그림도 전시할 수가 없는가?	27
Q.	영화의 일부 장면을 이용하고 싶다. 극작가, 촬영 감독, 배우 등 수많은 사람들에게 각각 허락을 받는 수밖에 없는지?	30

권리의 부여와 제한 (권리자와 이용자의 균형)

저작권 사례 OX 퀴즈

교육을 위한 저작권법의 배려

교과용 도서와 관련하여

Q. OOO 작가는 자신의 소설이 A 출판사 국어 교과서에 게재된 사실을 뒤늦게 알게 되었다. 허락은커녕 통지도 없이 저작물을 가져다 쓴 출판사에게 크게 화를 내며 당장 삭제할 것을 요구하였다. 출판사는 허락 없이도 OOO 작가의 소설을 교과서에 게재할 수 있을까? ... 60

Q. 교과용 도서와 동일한 구조인 시판용 참고서에도 허락 없이 저작물 게재가 가능한가? ... 61

Q. 교과서에 수록된 저작물을 참고서에 수록하고자 한다. 교육을 위한 것이므로 저작권자의 허락 없이도 이용할 수 있는가? ... 64

수업목적 저작물 이용과 관련하여

Q. 선생님은 수업시간 토론에 앞서, 읽기 자료로 신문 기사 일부분을 복사하여 나눠주었다. 신문사 등 저작권에 대한 허락을 구한 바는 없다. 문제가 되나? ... 68

Q. 수업 자료를 저작권자 허락 없이 인터넷으로 전송하는 것도 가능한가? ... 68

Q. 중학교 3학년을 담당하는 선생님은 아이들에게 현대문학 소설 전체를 복사·제본하여 나눠주고 읽어보게 하였다. 수업 목적으로 저작물을 복사해서 나눠주는 것은 괜찮다고 알고 있는데, 혹시 문제가 될 수 있나? ... 68

Q. 어린이집도 수업목적으로 허락 없이 저작물 이용이 가능한가? ... 69

Q. 학교가 아닌, '국가공무원인재개발원'도 수업목적으로 허락 없이 저작물 이용이 가능한가? ... 69

Q. 학교에서 이루어지는 모든 활동은 교육목적으로 이루어진다. 교내 활동은 모두 수업목적이라고 볼 수 있는가? ... 72

Q. 영어 시간에 외국 소설 중 일부를 복제하고자 한다. "외국저작물"도 수업목적이라면 허락 없이 이용할 수 있나? ... 74

저작권 사례 OX 퀴즈

Q. 학생들에게 컴퓨터에 대하여 수업을 하고 있는데 OO워드와 그래픽프로그램 실습을 시켜보고 싶다. 프로그램을 복제하여 아이들에게 나눠줘도 제25조에 따라 허락을 받을 필요가 없나?	74
Q. 교과서에 영화 '말아톤'을 보고 모둠 토의를 하는 내용이 있다. 집에서 영화를 보고 오라고 학생들에게 말아톤 영화 전체를 복제해주어도 될까?	75
Q. 고등학교 2학년 수학을 담당하고 있는 교사이다. 수험서로 출판된 고2 문제집을 견본으로 전달받았는데, 내용이 좋아 학생들에게 1/3 정도 복사해서 나눠주었다. 수업목적으로 나눠주었으니까 괜찮은가?	75
Q. 수업 자료를 학생들이 볼 수 있도록 인터넷에 올려도 될까?	82
Q. 학생이 불법 저작물을 학교 홈페이지에 업로드한 경우, 학교도 책임을 질 수 있나?	84
Q. EBS는 학교 수업을 지원하기 위하여 소위 '교과서 과외' 방송을 준비하였다. EBS는 수업지원 목적이므로 저작권자의 허락 없이도 교과서 등 저작물을 활용할 수 있을까?	86
Q. 수업을 듣는 학생도 발표 자료 준비를 위하여 저작물을 복제할 수 있나?	91

시험 문제의 출제/기출 문제의 활용

Q. 학교에서 음악 기말고사 문제를 출제하는데, 악보를 이용하려면 저작권자에게 허락을 받아야 하나?	91
Q. '온라인' 시험 문제에 출제하는 경우에도 저작물을 자유롭게 이용할 수 있나?	93
Q. 기말고사를 앞두고 작년 학교 기출문제를 학생들에게 나눠주고 함께 풀어보려고 한다. 가능한가?	93
Q. '미공표' 시험 문제도 수업시간에 배포할 수 있나?	94
Q. 제32조가 있으니, 학원에서 인근 학교 기출문제를 나눠주는 것은 문제가 없나?	95

저작권 사례 OX 퀴즈

(학교뿐 아니라) 일상생활을 위해 알아두어야 할 저작재산권 제한: 인용/비영리 공연/사적복제

Q. 수업과 관계없는 영화를 보여주는 것은 저작권 침해인가? ... 98

Q. 출판사에서 교재를 '영리적으로' 발행하는 경우에는, 저작권자의 허락 없이는 인용하는 것이 불가능한가? ... 100

Q. 수업과 관계없이 학생들이 동아리 활동으로 연극을 준비하고 있다. 비영리이고 입장료도 받지 않지만 극본의 저작권자에게 허락을 받아야 하나? ... 106

Q. 학교 행사에 가수·연주자를 초청하여 공연하였다. 가수·연주자에게는 소정의 보수를 지급하였지만, 비영리 공연이고 관람객에게 아무런 대가를 받지 않았다. 저작권 문제는 없다고 생각하는데 맞는가? ... 106

Q. 학기 말에 기말고사도 끝났고 여유가 있어서, 수업시간에 DVD 영화를 보여주었다. 수업 내용과는 딱히 관련은 없었다면, 저작권 침해가 되는가? ... 107

Q. 점심시간에 학교 방송반 아이들이 최신 가요를 교내 방송을 통해 들려주었다. 수업과 관계가 전혀 없다면 허락을 받아야 하나? ... 107

Q. 학생이 교사의 수업 내용을 녹음하고 있다. 집에 가서 '복습을 하기 위해서'라고 하는데, 학생에게 저작권 침해에 해당하므로 당장 중단하도록 요구했다. 교사의 수업도 저작물이므로 저작권 침해라고 하였는데, 맞는가? ... 108

Q. 토렌트·P2P를 통해 개봉 중인 영화 파일을 받았다. 개인적 목적으로 보고 지우면 사적복제이니까 괜찮은가? ... 109

Q. 교사가 교무실 복사기를 이용하여 취미 생활의 일환으로 악보를 복사하였다. 개인적 용도의 사적복제이므로 저작권법 제30조에 따라 괜찮은 것이 맞는가? ... 110

Q. 학교에 MS 오피스 정품 프로그램이 있어서, 가족 컴퓨터에 설치해주고자 복제해 왔다. 비영리이므로 저작권법 제30조 사적복제에 해당한다고 생각하는데 맞는가? ... 111

저작권 사례 OX 퀴즈

이용허락을 받아보자

- Q. 저작권자를 찾을 수가 없어서, 추후 보상하겠다는 취지의 글을 책 표지에 적어두었다. 허락을 받으려고 노력했고 사용료를 낼 의사도 밝힌 경우에도 저작권 침해가 되나? ... 123

- Q. 아이들이 좋아하는 아이돌 가수의 노래를 허락받고 인터넷에 전송하려고 한다. CD에 작곡자로 적혀있는 분을 찾아 허락받았으면 저작권 문제는 해결된 것인가? ... 123

- Q. 교육청에서는 과거 출판했던 연구보고서를 스캔해서 홈페이지에 올리려고 한다. 당시 집필자로부터 복제·배포에 대한 허락을 받아두었다. 저작권자에게 허락을 받았으니 문제가 없다고 생각한다. 맞는가? ... 129

- Q. 학교에서 공모전을 개최하려고 준비 중이다. 저작권 문제를 미연에 방지하기 위해서는 '출품작의 저작권은 학교에 모두 귀속된다.'고 미리 적어놓는 것이 바람직한가? ... 130

- Q. CCL 표시가 되어 있는 저작물은 모두 마음대로 변형해서 이용해도 되는가? ... 131

- Q. 권리자를 찾을 수 없다면 이용은 불가능한가? ... 138

저작권 침해와 구제

- Q. 남의 것을 보고 베낀 것은 아니지만, 창작할 때마다 나보다 먼저 비슷한 저작물을 만들었으면 어떻게 하나 걱정이 된다. 그림을 그릴 때는 다른 사람이 그린 것과 다르게 그리지 않으면 저작권 침해가 되는지, 즉 내가 그린 그림과 비슷한 걸 누가 먼저 그렸으면 저작권 침해 가능성이 높은가? ... 33

- Q. 초등학교 교사이다. 초등학교 2학년 학생이 저작권 침해로 경고장을 받고, 교도소에 잡혀갈까 봐 걱정된다면서 울고 있다. 어린이도 저작권 침해를 하면 형사 처벌을 받는 것은 어른과 똑같은가? ... 36

- Q. 교사가 되기 전에 저작권에 대해 잘 알지 못하고 저작물을 복사하여 나눠 준 경험이 있는데... 불안해서 살 수가 없다. 몇십 년이 지나도 권리자가 저작권 침해에 대하여 책임을 물을 수 있나? ... 37

저작권 사례 OX 퀴즈

쟁점 현안에 대한 분석(폰트/UCC/홈페이지)

폰트

Q. 폰트 관련 경고장을 받았다. 주변 사람들에게 물어보니 경고장이 남발되고 있으니 걱정하지 말라고들 하는데, 무시하는 게 최선책인가? — 145

Q. 학교에서 현수막을 구입하여 걸었다고 폰트 회사로부터 저작권 경고장을 받았다. 현수막에 인쇄된 글자가 자신들의 폰트라고 한다. 현수막을 구입해서 걸어둔 학교도 책임을 지는가? — 147

Q. 폰트 파일을 수업목적으로 이용하는 것은 제25조에 근거하여 문제가 없는가? 또한 비영리 개인적 용도로만 폰트 파일을 사용하기 위해 복제하는 것은 사적복제에 해당하므로 제30조에 근거하여 저작권 침해가 되지 않는다고 생각하는데 맞는가? — 148

Q. 유료 폰트 파일을 무단 이용하면 형사벌도 받을 수 있는가? — 150

Q. 'A 문서 작성 프로그램'을 구매하였다. 이 프로그램에는 문서 작성에 필요한 폰트 파일들이 번들로 포함되어 있었는데, 이 폰트 파일 중 일부가 'B 그래픽 디자인 프로그램'에서 자동으로 검색되어 사용하였다. B 프로그램에서 A 프로그램의 번들 폰트를 사용한 것은 항상 저작권 침해가 되는가? — 151

Q. 다른 사람이 작성한 PDF를 홈페이지에 업로드했을 뿐인데, 폰트 저작권 침해라고 연락이 왔다. 해당 문서 작성에 유료 폰트가 사용되었다는 것인데, '유료 폰트로 작성된 PDF'를 업로드한 것만으로도 저작권 침해가 되나? — 152

Q. 폰트 파일을 이용허락 받고 사용하고 싶은데 저작권자를 탐색해 보았으나 알 수가 없었다. 신탁관리단체에도 문의하고 권리자 찾기 사이트를 통해도 찾을 수 없었다. 나중에 권리자가 나타나면 사용료를 지급할 생각으로 그냥 사용해도 되나? — 155

저작권 사례 OX 퀴즈

Q.	폰트 파일을 다운로드 받거나 설치한 적이 없다. 교사가 업무를 하는 과정에서 공용 컴퓨터에 있는 이미 설치되어 있는 폰트 파일을 이용하였을 뿐이라면 법적 책임은 없는가?	155
Q.	앞으로 폰트 파일을 설치할 때 주의해야 하는 것은 이해하였는데, 이미 설치되어 있는 폰트 중에 문제 되는 것이 있는지 어떻게 아는가?	156

Q.	교사가 수업 자료 UCC를 직접 촬영하여 학생들이 미리 보고 오도록 LMS에 업로드했다. 국어 교과목이다 보니 시(詩)가 수록되었고, 사진도 나온다. 허락을 받지 않아도 가능할까?	160	**UCC** 제작 및 업로드
Q.	수업목적으로 제작한 UCC를 K-MOOC, TED 등에 개방하려고 한다. 시나 음악도 나오고 인터넷에서 찾은 사진들이 있는데, 출처 표시를 잘 했다면 저작권법상 문제가 될 가능성이 없는가?	161	
Q.	학생들의 동아리 활동하는 모습을 촬영 편집한 UCC를 유튜브에 올렸다. 영상 중에 10초 정도 음악이 함께 녹음되었는데, 별도로 저작권자에게 허락을 받지는 못했다. 수업목적에 해당하지 않는다면, 무조건 저작권 침해가 되는 것인가?	163	

Q.	학교 홈페이지 게시판에 누군가 사진 몇 장을 올린 것을 이유로 학교로 경고장이 왔다. 학교도 책임을 지게 되는 경우가 있는가?	171	**홈페이지** 관리
Q.	과거 교육교재로 인쇄를 허락받은 자료를 스캔하여 홈페이지에 업로드하는 것은, 한번 저작권자에게 허락을 받은 것이므로 문제가 없다고 생각한다. 맞는가?	171	
Q.	학교 홈페이지에 유료 폰트를 무단으로 이용하는 것도 저작권 침해가 되는가?	175	
Q.	교직원이 직접 촬영한 학생들의 사진을 찍어서 홈페이지에 올리는 것은, 저작권이 촬영자에게 있으므로 문제가 없는가?	175	

저작권, 교육 현장의 필수 지식 학교 교육과 저작권
CONTENTS

제1장 저작권 제도의 개요

가. 저작권 – 이제는 필수 지식 ·· 2
    1) 나를 위한 법– 권리자·이용자 모두를 위한 제도 ············· 3
    2) 꼭 배워야만 하는 필수 지식 ·· 6
나. 저작권 제도 이해하기 ·· 11
    1) 저작물을[보호의 대상] ··· 12
    2) 창작한 자에게[저작자] ··· 19
    3) 권리를 준다[저작권] ··· 23
    4) 양도와 이용허락 ··· 31
    5) 침해, 분쟁과 구제 ·· 33

제2장 학교에서의 저작물 이용 실무

가. 이용자를 위한 체크 리스트 ·· 41
나. 마음대로 써도 되는 콘텐츠가 있어요 ································ 43
    1) 저작물이 아닌 경우 – 저작물 요건 충족 X ·················· 44
    2) 보호 기간이 경과한 저작물 ·· 49
    3) 보호되지 않는 저작물 ·· 54
    4) 주의 사항 – 표절과 저작권 침해의 구분 ···················· 56
다. "몇 가지 조건을 충족하면" 허락 없이 쓸 수 있는 경우가 있어요 ··· 59
    1) 교육을 위한 저작권법의 배려 ···································· 60
    2) 알수록 도움이 되는 저작재산권 제한 ························ 98
    3) 저작물 이용 시 주의 사항 ·· 113
라. 허락을 받으면, 이용할 수 있어요 ···································· 122
    1) 이용허락을 받아보자 ·· 123
    2) 오픈라이선스 – 권리자가 미리 허락의 의사를 표시 ·· 131
    3) 법정허락을 받아보자 ·· 138

저작권, 교육 현장의 필수 지식 **학교 교육과 저작권**
CONTENTS

제3장

현안 심층 분석 및 기타 주의 사항

- 가. 폰트 ··144
  - 1) 경고장 발송과 소송 ···144
  - 2) 폰트, 저작물인가? ···147
  - 3) 새로운 쟁점 ···151
  - 4) 폰트 파일 이용을 위한 도움말 ·····································154
- 나. UCC 제작 및 업로드 ···160
  - 1) 수업목적 UCC 제작·활용 ··160
  - 2) SNS 등 1인 미디어 활용 ···163
- 다. 홈페이지 관리 ···169
  - 1) 수업 자료의 업로드 ···169
  - 2) 불법 저작물이 업로드된 경우 ······································171
  - 3) 기타 주의 사항 ··175

집필 의도

① '교육 현장'을 위하여 기획, ② '더 많은 저작물을 이용할 방법'을 모색

가. 교육 현장을 위한 가이드북

지식을 전달하는 교사야말로 저작권을 모르면 수업 자료를 준비하기 어렵다.
아이들도 스마트폰을 쥐기 시작한 순간부터 저작권 제도를 알아야만 한다.

교내 방송, 동아리 활동 등 학교의 일상 속에서 접하게 되는 저작권 문제들을, 학생과 교사 등 교육 현장의 눈높이에서 살펴보고자 하였다.

나. 보다 많은 저작물 '활용'을 목표

저작권 제도는 보다 많은 저작물이 창작되어 교육에 활용될 수 있게 해 준다.

저작권법은 권리 보호와 동시에 저작물의 원활한 이용을 도모한다(저작권법 제1조).

글짓기, 그림 등 '학생 창작물 보호'나 '시험 문제의 저작권 보호'와 같이 교육 현장에서도 **저작권 보호**에 대한 수요가 적지 않으나, 본 교재는 **저작물 활용**에 보다 초점을 맞췄다.

최근 저작권에 대한 부담으로 저작물 활용을 주저하는 위축효과(chilling effect)가 우려되고 있다. 저작물 이용을 줄이면 교육의 질이 떨어질 수밖에 없다. 본서는 교육 현장에서 '저작물 활용'에 대한 부담을 조금이나마 덜 수 있기를 바라며 집필되었다.

다. 목표 : 최소한의 시간 투자와 실무에 적용·활용

본 교재는 학교 현장에서 꼭 필요한 정보만을 '선택'하여 정리하였다.

저작권법의 내용이 방대할 뿐만 아니라, 법제도라는 것이 전체를 이해해야 응용이 가능하다. 더구나 초심자를 위하여 부연 설명을 하다 보면 내용이 길어지기에, 얇은 책으로 만들기는 더욱 어렵다. 학습 시간을 최소화하려는 목표 아래 중요도가 떨어지는 내용은 과감하게 삭제해 나갔다.

이 책을 읽는 법

기본적인 내용은 가급적 OX 퀴즈, 사례를 통해 이해할 수 있도록 편집하였다.

현장에서 자주 질문하는 사항들을 퀴즈 형태로 만들고 답변을 통해 저작권의 기본 내용을 정리할 수 있도록 하였다. 교사의 수준에 따라 심화 학습(나도 전문가)의 학습은 선택할 수 있으며, 더 전문적인 사항은 각주를 통해 참고할 수 있는 문헌을 소개하는 것으로 본문을 줄였다. 마지막에 '저작권 이야기'는 방금 읽은 내용을 정리하는 동시에 선생님들이 학생들에게 흥미 유발용으로 활용할 수 있는 소재를 제공하고자 하였다.

　[초심자] OX 퀴즈, 사례 - 기본 내용
　[중급자] 나도 전문가, (각주) 참고자료 소개

3장으로 나누어 구성하여 필요한 내용만 발췌하여 볼 수 있도록 하였다.

먼저 본서에서 다룬 사례를 OX 문제로 재구성하여 궁금한 문제를 바로 확인할 수 있도록 하였고, 2장만 읽어보면 학교에서 문제 된 중요 사례를 대부분 접할 수 있도록 구성하였다.

　1장 - [저작권 개론] 저작권 제도의 개요와 학습의 필요성, 개요를 <u>전체적으로 개관</u>
　2장 - [실무 사례] <u>학교 현장</u>에서 저작물 이용 가능 여부를 확인
　3장 - [최근 동향과 쟁점] 현장 교사들의 빈번한 질의 사항 중 현안·쟁점 사항의 정리 :
　　　　폰트, UCC, 홈페이지

저작권이 두렵고 부담스러운 것은 무지(無知)에 기인한 바 크다. 저작권 제도를 '활용'하여 보다 좋은 교육에 이바지하길 기원한다. 교육은 百年大計이다. 학교가 변하면 미래가 바뀐다.

2020. 최 진 원

저작권, 교육 현장의 필수 지식 **학교 교육과 저작권**

제**1**장
저작권 제도의 개요

가. 저작권 - 이제는 필수 지식
나. 저작권 제도 이해하기

저작권 제도의 개요

 가. 저작권 – 이제는 필수 지식

저작권법은 두려움의 대상이 아니라, "나를 위한 법"입니다.

"저작권 고소, 합의금 장사, 저파라치…" 저작권 연관 검색어의 모습은 범죄자, 도둑, 경찰 등 부정적 표현으로 가득하다. 교육 현장에서는 '저작권 때문에 교육의 질이 떨어진다.'고 호소한다.

그러나 저작권 제도는 궁극적으로 교육에 도움이 되는 제도이다. 저작권법은 창작을 도모하는 바, 좋은 저작물이 많이 창작되어야 양질의 교육이 가능해진다. 또한 저작물을 원활하게 이용할 수 있도록 다수의 '이용자 친화적인 조문'이 마련되어 있다. 학교 현장을 위해서도 교과용 도서나 수업목적, 시험 문제 출제 등을 위해 허락 없이 이용할 수 있도록 근거가 마련되어 있다. 최근에는 오히려 창작자들이 불만을 제기하는 실정이다. 그럼에도 불구하고 교육 현장에서 저작권법을 두려워하는 것은, 아직 준비가 되어 있지 못하고 모르기 때문이다. 4차 산업혁명을 논하는 시대, 교육 현장에서는 저작권 제도에 대한 이해가 필수적이다.

1) 나를 위한 법 － 권리자·이용자 모두를 위한 제도

우리 모두는 창작자인 동시에 이용자이기도 하다. 저작권법은 권리자의 지위에 있는 순간도 이용자의 지위에 있는 순간에도 '나를 위한 조문'을 보여준다. 알면 알수록 점차 '나를 위한 제도'라는 것을 깨닫게 될 것이다.

가) 최종 목적 : 문화 발전 및 관련 산업의 발전

저작권법 제1조에서는 **'권리 보호'**와 **'원활한 이용'**을 도모하여 '문화 및 관련 산업의 발전'을 최종 목적으로 함을 선언하고 있다.

다수의 저작물을 이용해야 하는 학교 입장에서는 저작권 제도가 보호 중심의 부담스러운 존재로 생각하는 경향이 있다. 하지만 저작권법은 **'권리자'**를 위한 내용뿐만 아니라 **'이용자'**를 위한 내용을 담고 있다.

> **저작권법**
>
> 제1조(목적) 이 법은 저작자의 권리와 이에 인접하는 권리를 보호하고 저작물의 공정한 이용을 도모함으로써 문화 및 관련 산업의 향상발전에 이바지함을 목적으로 한다.

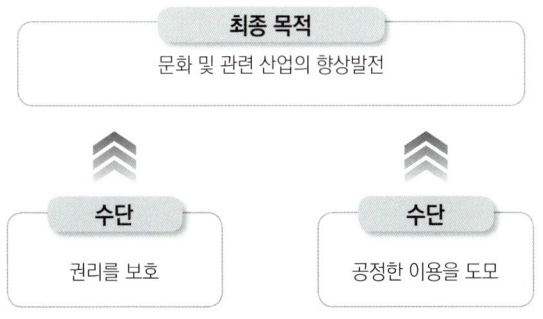

저작권법의 목적

토론해 봅시다

Q 저작권은 왜 보호하는 것일까?

용돈이 부족한 학생 입장에서는 불법 다운로드를 받는 것이 문화생활에 도움이 된다고 생각할 수도 있다. 학생들에게 저작권은 왜 보호해야 한다고 설명하면 좋을까. 학계에서는 유인이론, 노동이론, 법경제학적 이유 등이 언급되어 왔다.

나) 수단 1 : 저작권 · 저작인접권의 보호

저작물을 창작한다면 법적인 보호를 받게 된다. 허락 없이 내 저작물을 복제하는 사람에게 '하지 마.'라고 할 수 있고(침해 정지 · 예방 청구권), 손해가 있다면 '물어내.'라고 할 수도 있다(손해배상청구권). 나아가 경찰에 연락하여 처벌을 받게 할 수도 있다(형사벌, 친고죄).

이처럼 창작자의 권리를 보호하는 것은 보다 많은 창작을 유도하기 위한 것이다. 다양한 저작물이 창작되어야 문화가 발전할 수 있고 양질의 교육도 가능하기 때문이다.

이에 저작권법 제1조에는 저작권법의 목적 추구를 위한 수단으로 '저작자의 권리와 이에 인접하는 권리를 보호'할 것이 언급되어 있다. 제11조 이하에서는 저작자의 권리를 규정하고, 실연자 · 음반제작자 · 방송사업자 등에 대해서는 소위 저작인접권을 부여하고 있다.

저작자를 위한 저작권법

저작인격권(제11조~제13조)/저작재산권(제16조~제22조)
 * 배타적발행권, 출판권 설정
[저작인접권자 : 실연자, 음반제작자, 방송사업자]
구제 수단 : 민사적, 형사적, 행정적 구제 수단

다) 수단 2 : 공정한 이용의 도모

저작권법의 최종 목적인 '문화 및 관련 산업의 발전'을 위해서는 저작물의 원활한 '이용'이 중요하다. 때문에 저작권법은 공정하고 원활한 이용을 도모하기 위해서 다수의 조문을 마련하고 있다.

대표적으로 '저작권 제한' 조항들이 있다. 예컨대 복제권에도 불구하고 사적인 복제는 자유롭게

할 수 있다. 또한 비영리 공연은 허락 없이도 가능하다. 학생들이 복습하기 위해 녹음을 하거나 동아리방에서 음악을 틀어놓는 것 등은 저작물의 복제·공연이 이루어지고 있음에도 불구하고 저작권 침해가 아니다. 또한 '보호 기간의 제한' 조항들도 있다. 창작 후 일정 시간이 흐르면 누구나 자유롭게 이용할 수 있다. 집안의 보물은 대대로 이어지며 가보로 상속되지만, 저작권은 일정 기간이 지나면 더 이상 보호되지 않는다. 예컨대 생텍쥐페리의 어린왕자는 복제·판매해도 문제가 없다. 이 또한 원활한 '이용'을 도모하기 위한 저작권법의 방안 중 하나이다.

> **이용자를 위한 저작권법**
>
> 보호받지 못하는 저작물(제7조)
> 저작재산권의 제한(제23조~제37조)
> 보호 기간의 제한(제39조~제44조)
> 저작물 이용의 법정허락(제50조~제52조)

 토론해 봅시다

 보호를 더욱 강화하면 문화가 발전할까?

저작권법에서 창작자를 보호하는 것은 궁극적인 목적이 아니다. 문화 발전을 위해서는 원활한 이용도 중요하다. 창작자 스스로도 무조건적인 보호 강화를 원하는 것은 아니다. 저작자의 창작도 선인들이 쌓아 놓은 문화유산의 바탕 위에서 이루어지는 경우가 대부분이다. 창작자는 곧 이용자이기도 하다. 모든 사람들은 때로는 창작자의 지위에서 때로는 이용자의 지위에서 저작권법을 접하게 된다. 반대로 저작권을 보호하지 않는 것이 이용자에게 도움이 되는 것만은 아니다. 저작권법은 권리 보호와 원활한 이용 사이의 균형점을 모색한다. 기술 발전 등 환경 변화에 따라 균형점은 조정되어야 한다. 구텐베르크의 인쇄술 개량으로 저작권법이 탄생했고, 디지털 기술과 인터넷의 등장으로 각국에서 전면적인 개정 논의가 이어진 것은 '균형점 조정의 역사'를 보여준다.[1]

---

1) 저작권법뿐만 아니라 특허 등 지식재산권법의 주된 관심은 인간의 지적 창조물에 대하여 법적인 보호를 부여함으로써 창작 의욕을 고취하는 한편, 그 보호가 지나쳐 지적 창조물의 과실을 사회가 충분히 향유할 수 없게 되는 현상을 방지하는 데 있다. 오승종(2015), 저작권법, 박영사.

2) 꼭 배워야만 하는 필수 지식

저작권 분쟁은 '재수가 없어서' 발생하는 것이 아닙니다.

가) 현대 사회의 필수 지식

(1) 예전엔 출판사나 방송사 등만 신경 쓰는 법

과거 출판사나 신문사, 방송사 등 극소수만 관심을 가져도 큰 문제가 없었다. 하지만 이제 저작권을 모르면 일상생활조차 어려운 시대이다.

기술의 발전으로 과거 방송사나 출판사가 하던 일들을 '우리가' 하게 되었다. 저작물의 복제·공중 전달이 가능해진 것이다. 저작권에 대한 고민 역시 누구나 해야 하는 시대가 되었다. 예컨대 초등학생들도 가지고 다니는 스마트폰으로 사진을 찍거나 녹음을 하는 행동은 저작권법상 복제에 해당한다. 이를 유튜브에 올린다면 전송에 해당한다. SNS를 하다가 리트윗이나 좋아요를 누르는 행동도 저작권 문제가 될 수 있다.

(2) 경제적 가치의 급증, 분쟁도 증가

우리나라에 저작권법이 제정된 것은 1957년이다. 하지만 예전에는 설령 저작권 침해를 하더라도 경찰서에 '잡혀가는' 일은 좀처럼 보기 힘들었다. 경찰서 바로 앞에서 불법 복제된 테이프를 리어카에 한가득 싣고 팔아도 크게 문제 삼지 않던 시절이 있었다.

하지만 저작권의 경제적 가치가 높아지면서 법적 분쟁 또한 늘어나고 있다. 저작권 침해 관련 청소년 대상 고소 건수는 2009년 22,533건에 이른바 있다. 주변에서도 학생이나 교직원에게 경고장이 날아오는 등 크고 작은 저작권 분쟁이 발생하고 있다. 최근에는 전국 대부분의 교육기관들이 '폰트 저작권' 분쟁을 겪고 있기도 하다[제3장 가. 참조].

나) 교육 현장의 대응 방안

(1) 저작물을 더 많이 이용할 방법을 찾아야 합니다.

"잘 모르겠지만... 불안하니 쓰지 말자."
저작권이 두려워 저작물 이용을 줄인다면, 양질의 교육을 제공할 수 없습니다.

지식을 전달하는 교육과정에서 저작물 사용은 필수적이다. 그런데 일부에서 저작권에 대한 주의를 당부하면서, 분쟁의 소지가 있는 이용을 자제하고 있다. 이는 교육의 큰 장애가 될 뿐만

아니라, 저작권 제도의 취지에도 역행하는 것이다.

저작권이 두렵다고 저작물의 사용을 줄여서는 안 된다. 교육의 질을 높이기 위해서 저작권에 대한 이해를 높이고 재원을 투여하여, '보다 많은 저작물을 이용할 방법'을 찾아내야 한다. 저작권에 대한 단편적 지식들이 그동안 모르고 지냈던 위법 가능성을 알게 해주고, 더욱 조심하게 되는 경우도 있다. 저작권에 대한 이해는 더 많은 저작물을 이용하기 위한 것이어야 한다.

(2) 저작권을 위한 투자가 필요합니다.

교육을 위한 투자 : 유형물 중심[책상, 건물] => 무형물 중심[콘텐츠, 저작권]

과거 교육을 위한 투자라고 하면, 학교 건물을 만들고 책상을 구입하는 일을 먼저 떠올렸다. 콘텐츠가 중요하다는 생각을 한 이후에도, 교재나 교육용 기자재와 같은 유형물을 마련하는데 우선적으로 예산을 투입하였다. 이제 저작권을 위한 투자가 절실한 시점이다.

21세기 초입에 제레미 리프킨은 '소유의 종말'을 선언했다. 산업 구조가 무형재산 중심으로 전환되고 접속의 시대에 접어들었다. 콘텐츠 확보를 위해 인적·물적 자원을 투자해야 한다. 교육을 위한 투자는 그 나라의 미래를 밝혀줄 것이다.

(3) 저작권에 대해 가르쳐야 합니다.

저작권, '어떻게' 가르쳐야 하는지 고민할 때입니다.

교사와 공무원이 저작권을 이해해야 하는 것은 물론이고, 나아가 미래 세대 주역들에게 어린 시절부터 저작권을 이해시켜야 한다. 아이들이 ICT를 활용하는 것은 자연스러운 일이다. 언론에 회자된 '보람튜브'를 비롯하여 키즈 유튜버가 큰 인기를 모으고 있는 현실에서, 저작권 교육이 법학 전공자의 전유물이 아님은 물론이다.[2]

실제로 학생들에게 저작권을 가르쳐야겠다고 생각하는 교사가 늘어나고 있다. 저작권 교육은 윤리 도덕적 문제를 포섭하며, 2015 개정 교육과정이 추구하는 인간상(자주·창의·교양·공동체의식) 및 핵심역량(자기성찰·계발, 지식·정보처리, 창의적 사고, 문화향유, 의사소통, 공동체의식)과도 관련성이 높다. 실제로 초등 도덕, 실과교과 성취기준, 중학교 정보교과 내용체계 및 기술·가정교과 성취기준, 고등학교 국어, 심화국어 성취기준 및 생활과 윤리 등의

---

[2] 학교에서 법률적 지식을 가르치는 것은 이례적인 일이 아니다. 학문적으로는 매우 난해한 소유권 개념을 대부분 법과대학이 아닌 초등학교 이전에 학습하고 있다. '친구의 장난감을 훔치면 안 된다.'는 얘기를 굳이 민법 제211조와 함께 할 필요는 없다.

교과에 이미 반영되어 있기도 하다.

문제는 '쉽게 가르치기'가 간단치 않다는 것이다. 현장의 저작권 교육을 위한 연구와 지원이 고려되어야 한다.

교과목 반영 실태

구분		주요 반영 실태
초등학교	도덕	3.나. **성취기준** (2) 타인과의 관계 : [6도02-01] ② **저작권 침해**, 사이버 폭력, 온라인 중독이 갖는 문제점은 무엇이며 이를 해결하기 위해 무엇을 해야 할까? (교육과정 별책6 p.11)
	실과	나. **성취기준[초등학교 5-6학년]** (5) 기술활용 [6실05-05]사이버 중독 예방, 개인 정보 보호 및 **지식 재산 보호**의 의미를 알고 생활 속에서 실천한다(교육과정 별책10 p.14).
		기존 초등학교 5, 6학년 실과교과의 ICT 활용 중심의 정보 단원을 소프트웨어(SW)기초 소양 중심의 대단원으로 구성하여 소프트웨어(SW) 도구를 활용함으로써 놀이처럼 재미있게 17시간 이상 학습하도록 하였으며, **저작권 보호** 등 정보 윤리 내용도 포함하였다(2015 개정 교육과정 총론 해설-초등학교- p.34).
	범교과 학습 주제 교육	범교과 학습 주제는 교과와 창의적 체험활동 등 교육 활동 전반에 걸쳐 통합적으로 다루도록 하고, 지역사회 및 가정과 연계하여 지도한다. **(경제·금융 교육)** "경제·금융 교육은 소비자의 책임과 권리, 창업(기업가)정신, 복지와 세금·금융생활·**지적재산권** 등을 학습하여 합리적 경제 활동을 할 수 있게 하였으며"(2015 개정 교육과정 총론 해설-초등학교- p.61)
중학교	정보	3.가. **내용체계** 정보문화 정보윤리 : 개인정보와 **저작권 보호**(교육과정 별책10 p.97)
		3.나. **성취기준** (1) 정보문화 : [9정01-02] 정보사회 구성원으로서 개인정보와 **저작권 보호**의 중요성을 인식하고 개인정보 보호, **저작권 보호** 방법을 실천한다(p.98).
	기술·가정	3.나. **성취기준** (5) 기술활용 : [9기가05-05] 특허의 개념을 이해하고 **지식재산권** 침해 사례를 분석하고 발표한다(교육과정 별책10 p.25).
고등학교	국어	3.나. **성취기준** [고등학교 1학년] (3) 쓰기 (다) 교수·학습 방법 및 유의사항 : ⑦...**저작권을 침해**하여 발생한 문제 등에 대한 사례를 다양하게 수집하고 이를 학습자 자신의 삶과 연결해 보게 할 수 있다(교육과정 별책5 p.63).
	심화 국어 (진로 선택)	3.나. **성취기준** (4) 윤리적 사고와 학문활동 : (가) 학습요소 쓰기윤리(표절기준, **저작권**, 인용방법), 협력적·비판적 탐구, 매체 이용 윤리, 발표 윤리와 예절(교육과정 별책5 p.160).
		3.나. **성취기준** (4) 윤리적 사고와 학문활동 : (라) 평가 방법 및 유의 사항 ① 학술 활동 과정에 필요한 쓰기 윤리에 관해 알아야 할 개념과 기준 등을 평가하되, 특히 **저작권의 개념**, 표절의 기준, 인용 방법의 준수 등에 평가의 중점을 둔다 (p.161).

고등학교	생활과 윤리 (일반 선택)	3.가. 내용체계 과학과 윤리 정보 사회와 윤리 : 정보기술의 발달에 따른 윤리 문제에는 사이버 폭력 문제, **저작권 문제**, 사생활 침해 문제 등이 있으며 사회 문제를 비판하는 역할을 하는 미디어 매체들에는 엄격한 윤리적 책임이 요구된다(교육과정 별책6 p.37).
	정보	3.가. 내용체계 정보문화 정보윤리 : 내용요소로서 정보보호와 보안, **저작권 활용**, 사이버 윤리(교육과정 별책10 p.113) 3.나. 성취기준 (1) 정보문화 : [12정보01-05] **소프트웨어 저작권 보호 제도 및 방법**을 알고 올바르게 활용한다(p.115). 3.나. (나) 성취기준 해설 : [12정보01-05] 소프트웨어를 하나의 저작물로 인식하고 저작권에 위배되지 않게 사용할 수 있어야 한다. 이를 위해 **소프트웨어 저작권 보호 제도**를 이해하고 상용 소프트웨어, 공개 소프트웨어, 오픈소스(open source) 소프트웨어 등을 올바르게 활용할 수 있어야 한다(p.115).
	기술 · 가정 (일반 선택)	3.나. 성취기준 (5) 기술활용 : [12기가05-05] 발명을 통한 기술적 문제해결 방법과 **지식재산의 권리화**와 보호를 이해하고, 발명에서 창업까지의 과정을 알아본다(교육과정 별책10 p.41).
	공학 일반 (진로 선택)	3.가. 내용체계 공학의 기초 공학 소양 : 공학적 소양은 공학의 특징, 공학과 경영, 공학적 사고, 공학 문제해결의 **지식재산 창출, 보호, 활용**에 기여한다(교육과정 별책10 p. 56). 3.나. 성취기준 (1) 공학의 기초 : [12공학01-4] 공학과 관련된 **지식재산권의 의미를 이해하고, 이에 대한 실천 방안을 탐색**한다(p.57).
	지식재산 일반 (진로 선택)	과목 자체가 '지식재산 일반으로 "지식재산과 관련한 이해를 바탕으로 실생활과 직업 생활에서 새로운 가치를 창출할 수 있는 창의적 사고력과 태도를 기르도록 한다. 그리고 지식재산 이해, 지식재산 창출, 지식재산 보호, 지식재산 활용을 중심으로 지식재산에 대하여 전반적으로 이해하고, 지식재산 창출의 체험은 물론 지식 기반 사회에서 요구하는 지식재산을 보호, 활용하는 역량과 태도를 기른다."를 목표로 하고 있다(교육과정 별책10 p.85).

 저작권 이야기

'모르면' 호구 만드는 사이버 '봉이 김선달'

▶ 저작권자도 아니면서, 해당 이미지를 사용한 학교 교사에게 합의금 요구.

현대판 '봉이 김선달'이 학교 현장을 위협한 사례가 있다.

정 모 씨는 '곰돌이 푸' 등 해외 유명 만화 캐릭터와 한국관광공사 마스코트, 인터넷에 떠도는 아이콘 이미지들을 자신 이름으로 저작권 등록한 뒤, 자신이 운영하는 업체 홈페이지에 이미지 85만여 건을 업로드하였다. 이후 사용자가 증가하자 유료로 전환하면서 이를 이용한 교사 등에게 저작권 침해에 대한 손해배상을 요구하였다.

저작권에 대하여 이해가 부족한 학교 현장에서는 당황할 수밖에 없었고 상당수의 교사는 합의금을 보내며 선처를 호소하는 지경에 이르렀다. 합의에 응하지 않은 교사는 형사 고소로 압박했는데, 피소된 교사 가운데 2명은 기소유예 처분을 받기도 했다. 정 모 씨는 "사용료를 내지 않으면 징계를 받거나 진급을 못할 것"이라며 학교장과 교사들을 위협했다고 한다.

경찰 조사에 따르면 정 모 씨는 339곳의 학교에 금품을 요구했는데, 154개 학교로부터 합의금 명목으로 70만 원에서 120만 원까지 받아냈는바 모두 1억 5천여만 원을 챙긴 것으로 알려졌다.3)

▲ 곰돌이 푸나 미키마우스 등 유명 인기만화 캐릭터를 자신 이름으로 저작권을 등록한 뒤, 학교 등 등을 상대로 억대의 금품을 갈취한 50대가 경찰에 붙잡혔다. 수십만 건의 캐릭터를 올려둔 문제업체 홈페이지.

유명 만화캐릭터 주인 행세…학교 상대로 고소 남발 (노컷뉴스 2009. 10. 08.)

---

3) 노컷뉴스, 2009. 10. 08. "곰돌이 푸도 내 것? 사이버 봉이 김선달 잡았다",
https://news.naver.com/main/read.nhn?mode=LSD&mid=sec&sid1=102&oid=079&aid=0002097342

나. 저작권 제도 이해하기

모든 교사가 저작권법을 법학자처럼 공부할 필요는 없다. 하지만 기본적인 개요를 알게 되면 사례에 대한 이해가 쉬워지며, 응용도 가능해진다.

저작권 제도를 한 문장으로 정리하면

 Ⓐ 저작물을 Ⓑ 창작한 자[저작자]에게 Ⓒ 권리[저작인격권/저작재산권]를 주는 제도 라고 할 수 있다.

즉 저작물이 무엇이고, 누가 저작(권)자이며, 그 권리는 무엇인지만 알아도, 저작권에 대한 부담을 크게 줄일 수 있다.

이하에서는 ① 저작물의 개념[저작물] ② 창작자의 의미[저작자] 그리고 ③ 저작권자에게 주어지는 권리[권리와 제한]에 대해 순서대로 살펴보고, 한발 더 나아가 ④ 저작권자에게 허락을 받거나 저작권을 아예 양도받는 방법[양도와 이용허락], ⑤ 침해 등으로 인해 분쟁이 발생했을 때 어떠한 구제 수단이 있는지까지[침해와 구제 수단] 간략하게 살펴보도록 한다.

▶ 저작권 보호의 체계

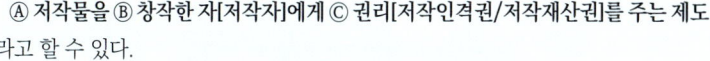

저작물	저작자	저작권	보호의 제한과 예외	저작인접권자	권리구제
• 어문저작물 • 음악저작물 • 연극저작물 • 미술저작물 • 건축저작물 • 사진저작물 • 영상저작물 • 도형저작물 • 컴퓨터프로그램 저작물 • 2차적저작물 • 편집저작물	• 자연인 - 작가 - 작사·작곡가 - 디자이너 - 화가 - 사진사 - 설계사 - 안무가 - 프로그래머등 • 법인 - 단체 - 기업등	• 저작인격권 - 공표권 - 성명표시권 - 동일성유지권 • 저작재산권 - 복제권 - 배포권 - 대여권 - 공연권 - 공중송신권 - 전시권 - 2차적저작물 작성권	• 보호기간 • 아이디어/표현 이분법 • 보호받지 못하는 저작물 • 법정 허락 • 저작재산권의 제한 - 교육목적 복제 - 사적복제 - 도서관에서의 복제 등	• 실연자 • 음반제작자 • 방송사업자 **기타 권리자** • 데이터베이스 제작자 • 출판권자 • 프로그램배타적 발행권자 • 영상물제작자 **저작권위탁관리업** • 신탁업 • 대리중개업	• 민사구제 - 손해배상 - 금지명령 • 형사구제

저작권 보호의 체계(문화체육관광부·한국저작권위원회(2009), 개정 저작권법 해설, 7면.)

1) 저작물을[보호의 대상]

 원숭이가 카메라를 가져가서 사진을 찍었다. 이 사진을 인터넷에 올리는 것은 저작권 침해가 되는가?

X 저작권법에서 보호 대상이 되는 저작물은 '사람의 사상 또는 감정을 표현한 창작물' 이어야 한다. 따라서 <u>사람이 아닌 원숭이</u>가 촬영한 사진은 저작권법의 보호 대상이 아니다.

 저작권 이야기

"원숭이가 촬영한 사진은 원숭이가 저작권자?"

2011년 영국 사진작가 데이비드 슬레이터가 인도네시아에 촬영을 갔다가, 원숭이 한 마리가 슬레이터의 카메라를 가져가서 사진을 찍었다. 이와 같은 흥미로운 사연과 함께 해당 사진은 인기를 끌었다.

그런데 위키미디어에서 이 사진을 무료로 제공하자 데이비드 슬레이터는 저작권을 주장하며 사진의 삭제를 요구했다. 하지만 위키미디어는 원숭이가 직접 셔터를 누른 이 사진의 저작권은 누구에게도 있지 않다며 사진 삭제를 거부했다.

재미있는 것은 동물보호단체 PETA(People for the Ethical Treatment of Animals)가 원숭이를 대신한다며 샌프란시스코 연방법원에 저작권 소송을 제기한 것이다. 2017년 슬레이터는 사진으로 생기는 저작권료의 25%를 동물보호단체인 PETA에 기부하겠다는 의사를 밝히기도 했는데, 미국 법원은 '동물에게는 저작권이 인정되지 않는다.' 고 판결했다.

우리나라 저작권법에 따르더라도 원숭이가 촬영한 사진은 저작권법상 보호되지 않는다. '인간의 사상 또는 감정을 표현한 창작물'이 아니기 때문이다.

가) 저작물의 개념

저작권법의 보호를 받기 위해서는 법에서 요구하는 요건을 충족해야 한다. 어문, 음악, 사진 이라고 하여 모두 보호가 되는 것이 아니라, ① <u>인간의 사상 또는 감정을</u> ② <u>표현한</u> ③ <u>창작물</u>

이어야 저작권법상 '저작물'이 된다. 저작물 해당 여부를 판단함에 있어 저작자의 나이, 예술성이나 경제적 가치 등은 상관이 없다.

 초등학교 1학년 학생이 그린 그림에도 저작권이 인정되나?

어린이라고 하여 저작자가 될 수 없는 것은 아니다. 또한 학생이 그린 그림이 예술적 가치 또는 경제적 가치가 크지 않다고 하더라도 저작물로 인정되는데 방해가 되지는 않는다.

저작권법

제2조(정의) 이 법에서 사용하는 용어의 뜻은 다음과 같다.
1. "저작물"은 인간의 사상 또는 감정을 표현한 창작물을 말한다.

 교과서도 저작물인가? 교과서를 해설하는 참고서나 동영상 강의를 만들 때 교과서의 집필자 등 교과서 저작권자에게도 허락을 받아야 하나?

수록된 저작물에 대한 권리자분만 아니라, 교과서 집필자 등 교과서에 대한 저작권자에게도 허락을 받아야 한다.

교과서도 당연히 저작권법에 의해 보호되는 저작물이다. 교과서라는 이유만으로 저작권의 범위가 제한된다거나 내재적 한계가 있는 것은 아니다. 예컨대 교과서를 이용하여 온라인 강의를 만든다면 저작권자의 허락을 고려해야 한다. 실제로 EBS 교과서 진도특강을 위해서도 교과서의 저작권자들에게 사용료를 지급하고 허락을 구한 바 있다.

교과서의 저작권[대법원 2007. 11. 30. 선고 2005도8981 판결]

저작물이 교과용 도서인 경우 그러한 사정을 저작재산권 제한규정인 구 저작권법(2006. 12. 28. 법률 제8101호로 전문 개정되기 전의 것) 제25조 등의 요건에 해당하는지 여부를 판단함에 있어 참작할 수는 있을 것이나, 교과서라는 이유만으로 저작권의 범위가 제한된다거나 그 저작권에 내재적 한계가 있다고 할 수 없다.

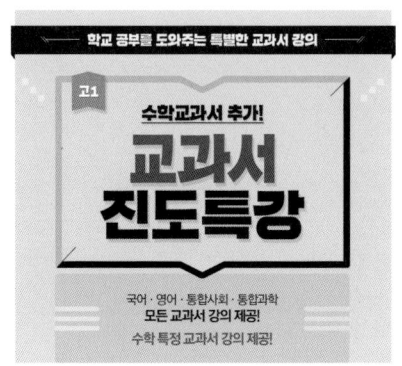

EBS 교과서 진도특강

2008년 사설 교육 업체가 자체 교재 제작 및 동영상 강의 등에 교과서를 사용한 것에 대하여 저작권 분쟁이 있었는데, 법원은 "공공재 성격이 강한 검정교과서라도 저자 허락 없이 영리 목적으로 내용을 인용할 경우 저작권 침해로 볼 수 있다."고 하였다.

법원의 판례를 보면 문제집을 집필하면서 교과서의 목차 및 배열 순서, 수록된 핵심 지문 등을 인용한 것을 저작권 침해로 판단한 사례가 있으며[비상교육사건, 서울남부지방법원 2014. 6. 12. 선고 2013가합5771 판결(확정)], 교과서에 수록된 삽화를 이용할 때에도 저작권자에 대한 허락이 필요하다고 판단하였다.

> 교과서 삽화 사건
> [서울민사지방법원 1992. 6. 5. 선고 91가합39509 제12부 판결 :
> 항소【손해배상(지)】[하집1992(2), 290][4]
>
> 국민학교 교과서는 그 내용인 글과 삽화를 배열하여 이루어진 저작물로서 삽화가 글로 분리되어 이용될 수 있어 공동저작물이 아니고 편집저작물이므로, 교과서의 저작권은 교육부에 있더라도 이에 수록된 삽화에 대한 저작권은 원저작자에게 있다.

---

[4] 상세한 평석은 허희성(1992), "교과용 도서에 게재된 삽화의 무단전재에 따른 저작권침해", 계간 저작권 제19호, 저작권심의조정위원회.

 **시험 문제도 저작물인가?**

O 시험 문제도 저작물이며, 저작권법에 의해 보호된다.
과거 대학입시 기출문제뿐만 아니라 고등학교 교사들이 소속 학교 학생들의 학업수행 정도의 측정 및 내신성적을 산출하기 위하여 출제한 시험 문제의 질문의 표현이나 제시된 답안도 저작권법에 의하여 보호되는 저작물에 해당한다고 하였다.[5]

'대학입시 문제'의 저작물성 인정
[대법원 1997. 11. 25. 선고 97도2227 판결]

1993년 말 시행된 연세대, 고려대, 서강대, 성균관대 등의 대학입학 본고사의 입시문제에 관하여 보건대, 위 입시 문제가 역사적인 사실이나 자연과학적인 원리에 대한 인식의 정도나 외국어의 해독능력 등을 묻는 것이고, 또 <u>교과서, 참고서 기타 교재의 일정한 부분을 발췌하거나 변형하여 구성된 측면이 있다고 하더라도</u>, 출제위원들이 우수한 인재를 선발하기 위하여 정신적인 노력과 고심 끝에 남의 것을 베끼지 아니하고 문제를 출제하였고 그 출제한 <u>문제의 질문의 표현이나 제시된 여러 개의 답안의 표현에 최소한도의 창작성이 인정된다면, 이를 저작권법에 의하여 보호되는 저작물로 보는데 아무런 지장이 없다</u>고 할 것이다.

cf. 기존 문제집의 문제를 그대로 출제한 경우

간혹 출판사 문제집이나 기출문제 등 이전에 출제된 문제를 그대로 학교 시험에 출제하는 수가 있다. 이러한 경우까지 시험 문제 '출제자'에게 별도로 저작권을 인정하기는 어렵다.[6] 기존의 다른 문제를 단순히 그대로 베낀 것이라면 저작권법에서 의미하는 최소한의 창작성도 인정할 수 없기 때문이다.[7] 참고할 판례로 트릭아트 사건이 있다. 문제가 된 전시품은 원고가 기존에 알려진 '진실의 입' 작품을 그대로 모방한 것으로, 이는 저작권법상 보호되는 저작물이라고 할 수 없으므로 저작권 침해를 주장할 수도 없다고 하였다[트릭아트 사건, 서울고등법원 2014. 4. 15. 선고 2013나58097 판결(확정)].

---

5) 서울중앙지방법원 2006. 10. 18. 선고 2005가합73377 판결; 서울고등법원 2006. 12. 12. 선고 2006나110270 판결; 대법원 2008. 4. 10. 선고 2008다5004 판결(족보닷컴 사건).

6) 학교 현장에서는 시험 문제 출제에 있어 기존 문제를 활용하여 수정하는 경우가 많다. 2010년 일선 학교 교사를 대상으로 한 설문조사에서 시험 문제 출제 시 본인이 창작하는 비율이 고등학교 73%, 중학교 72%, 초등학교 56% 등으로 나타났다(KERIS, 교육정보 공정이용 방안연구를 위한 전국 초중등교사 조사·분석 보고서, DCR Poll, 2010.).

7) 대법원 2008. 4. 10. 선고 2008다5004 판결. 이에 대한 평석은 최상필, "시험 문제의 저작권자," 동아법학 제42호(2008), 468면.; 다만 선택과 배열에 대한 창작성이 인정된다면 편집저작물로서 저작권이 발생할 수 있다.

나) 저작물의 종류

저작권법에서는 다음과 같은 9가지의 저작물 종류를 예시하고 있다.

말 그대로 예시(例示)이며, 여기에 해당하지 않더라도 저작물성('사람의 사상 또는 감정을 표현한 창작물')을 갖춘다면 저작권법에 의한 보호를 받는다.

저작권법

제4조(저작물의 예시 등) ① 이 법에서 말하는 저작물을 예시하면 다음과 같다.
1. 소설 · 시 · 논문 · 강연 · 연설 · 각본 그 밖의 어문저작물
2. 음악저작물
3. 연극 및 무용 · 무언극 그 밖의 연극저작물
4. 회화 · 서예 · 조각 · 판화 · 공예 · 응용미술저작물 그 밖의 미술저작물
5. 건축물 · 건축을 위한 모형 및 설계도서 그 밖의 건축저작물
6. 사진저작물(이와 유사한 방법으로 제작된 것을 포함한다)
7. 영상저작물
8. 지도 · 도표 · 설계도 · 약도 · 모형 그 밖의 도형저작물
9. 컴퓨터프로그램저작물

다) 보호되지 않는 저작물

저작물에 해당함에도 불구하고 보호되지 않는 경우가 있다.

① 보호 기간이 경과된 저작물
- 원칙 : 저작자 생존 기간 및 사후 70년

저작자 사후 70년이 경과했다면 자유이용 가능 [상세한 사항은 제2장 나. 2) 참조].

② 저작권법 제7조

법률 · 조약 · 고시 · 법원의 판결·사실의 전달에 불과한 시사보도 등은 저작물에 해당하더라도, 누구나 자유롭게 이용 가능하다.

저작권법

제7조(보호받지 못하는 저작물) 다음 각 호의 어느 하나에 해당하는 것은 이 법에 의한 보호를 받지 못한다.
1. 헌법·법률·조약·명령·조례 및 규칙
2. 국가 또는 지방자치단체의 고시·공고·훈령 그 밖에 이와 유사한 것
3. 법원의 판결·결정·명령 및 심판이나 행정심판절차 그 밖에 이와 유사한 절차에 의한 의결·결정 등
4. 국가 또는 지방자치단체가 작성한 것으로서 제1호 내지 제3호에 규정된 것의 편집물 또는 번역물
5. 사실의 전달에 불과한 시사보도

미국인이 그린 그림은 마음대로 써도 되나?

X 외국인이 창작했더라도 외국인의 저작물은 대한민국이 가입 또는 체결한 조약에 따라 보호된다. 대한민국 내에 상시 거주하는 외국인의 저작물도 마찬가지로 보호된다. 미국은 우리나라와 마찬가지로 베른협약, WTO TRIPs 가입국이고, 더구나 우리와는 한미 FTA를 체결한 바 있다. 따라서 미국인이 그린 그림의 저작권은 우리나라에서도 보호된다.

우리나라는 베른협약, 로마협약, WTO TRIPs, WCT 등 저작권 관련 주요 국제협약에 대부분 가입하고 있다.[8] 1886년 체결된 베른협약에만 2019년 현재 174개국이 가입하고 있다.[9] 따라서 대부분의 외국저작물이 우리나라에서 보호된다고 보면 된다. 참고로 북한 사람의 저작물도 우리나라에서 보호가 된다. 북한은 베른협약 가입국(Democratic People's Republic of Korea)일 뿐만 아니라 헌법에 따라 국내 저작물로 해석되는바, 북한저작물 이용 시에도 원칙적으로 이용허락을 받아야 한다.

---

[8] 국제협약에 대하여 상세하게 살펴보고 싶다면, 최경수(2017), 국제지적재산권법(개정판), 한울; 박덕영·이일호(2009), 국제저작권과 통상문제, 세창출판사 등을 참조할 수 있다.
[9] 가입국 명단은 WIPO 홈페이지에서 확인할 수 있다.
https://www.wipo.int/treaties/en/ShowResults.jsp?lang=en&search_what=B&bo_id=7

저작권법

제3조(외국인의 저작물) ① 외국인의 저작물은 대한민국이 가입 또는 체결한 조약에 따라 보호된다.

② 대한민국 내에 상시 거주하는 외국인(무국적자 및 대한민국 내에 주된 사무소가 있는 외국 법인을 포함한다)의 저작물과 맨 처음 대한민국 내에서 공표된 외국인의 저작물(외국에서 공표된 날로부터 30일 이내에 대한민국 내에서 공표된 저작물을 포함한다)은 이 법에 따라 보호된다.

저작권 이야기

AI가 창작한 저작물 – 저작권법의 보호 못 받는다.

알파고와 이세돌 기사의 바둑 시합 이후로, AI에 대한 관심이 고조된 바 있다. 저작물의 창작 또한 AI에 의해 가능해지고 있다. 아래 그림은 암스테르담에서 공개된 새로운 "렘브란트" 화풍의 그림으로, 사람이 아닌 인공지능과 3D 프린팅[10] 등 기술이 합작한 작품이다.[11] 총 18개월이 걸린 이 프로젝트는 네덜란드의 광고 회사 월터 톰슨(J. Walter Thompson)이 기획했으며, ING, 마이크로소프트 등이 협업했다.

AI가 창작한 그림이나 소설, 음악에도 저작권적 보호를 부여할 것인지, 부여한다면 그 권리자는 누가 될 것인지 등에 대해 EU와 일본 등에서 활발한 논란이 있었다.

우리나라의 현행법에 의하면, AI는 사람이 아니므로 AI가 창작의 주체라면 저작권법의 보호를 받기는 어렵다. 물론 AI를 단순히 도구로 활용한 경우라면, 창작한 사람이 저작자가 될 수 있음은 물론이다.

넥스트 렘브란트(출처 : The Next Rembrandt)

---

10) 페인트 기반의 UV 잉크를 사용해 렘브란트가 사용했던 그림의 질감이나 붓 터치를 재현한 3D 인쇄로 출력한 결과물이다.

11) 딥러닝 알고리즘이 346점의 유명한 렘브란트 그림을 분석하고 렘브란트의 그림 주제와 스타일을 모방한 새로운 작품을 만들어냈다. "넥스트 렘브란트(The Next Rembrandt)"라고 명명된 이 작품은 백인 남성의 초상화로 렘브란트 작품과 유사하다.

2) 창작한 자에게[저작자]

가) 창작자 주의

(1) 의의

저작자는 '저작물을 창작한 자'이며, 저작권을 가진다. 이처럼 창작한 자에게 저작권을 인정하는 것을 '창작자 주의'라고 한다.

창작자 주의에 따라 직접 '저작물'을 '창작'해야만 '저작자'가 된다. 따라서 저작물 창작을 위한 아이디어·힌트·소재 등을 제공한 사람, 자료조사를 돕거나 창작활동에 조언을 한 사람, 저작물 창작을 의뢰하거나 비용을 지급한 사람 등은 저작자가 아니다. 소위 대필 계약을 통해 '책표지에 자신의 이름을 저작자로 기재하기로 실제 창작자와 합의한 자'도 저작자가 될 수 없다.

(2) 창작에 관여한 자

아래의 사람들 중 '저작자'는 누구인가?
① 소설가의 창작을 위해 자료 수집을 해준 자
② 무엇을 그렸는지 알 수 없는 그림을 그린 유치원생
③ 책표지에 자신의 이름을 저작자로 기재하기로 실제 창작자와 합의한 자
④ 그림의 주문자, 건축의뢰자

② 저작물을 실제로 창작한 사람이 '저작자'이다.
창작의 동인을 제공하였거나, 조수·감수·교열자는 '저작자'가 아니다.

창작에 관여했다고 하여 모두 저작자가 되는 것은 아니다.

법원은 해양정책론 사건에서 "창작적인 표현 형식에 기여하지 아니한 자는 비록 저작물의 작성 과정에서 아이디어나 소재 또는 필요한 자료를 제공하는 등의 관여를 하였다고 하더라도 그 저작물의 저작자가 되는 것은 아니"라고 판시한 바 있다.

해양정책론 사건[대법원 2009. 12. 10. 선고 2007도7181 판결]

2인 이상이 저작물의 작성에 관여한 경우 그중에서 <u>창작적인 표현 형식 자체에 기여한 자만이 그 저작물의 저작자가 되는 것</u>이고, 창작적인 표현 형식에 기여하지 아니한 자는 비록 저작물의 작성 과정에서 아이디어나 소재 또는 필요한 자료를 제공하는 등의 관여를 하였다고 하더라도 그 저작물의 저작자가 되는 것은 아니며, 가사 저작자로 인정되는 자와 공동저작자로 표시할 것을 합의하였다고 하더라도 달리 볼 것이 아니다.

 **나도 전문가** | 저작자와 저작권자는 다른 사람일 수 있다.

원칙적으로 저작자에게 저작권을 부여하므로 창작자는 '저작자'인 동시에 '저작권자'가 되지만, 항상 일치하는 것은 아니다. 예컨대 저작자가 저작재산권을 양도한 경우, 저작자와 저작권자가 달라지게 된다. 이 때 저작재산권에 대한 이용허락은 '저작권자'에게 받으면 된다.

저작재산권의 허락은 저작자에게 받는 것이 아니라 저작권자에게 받아야 하므로, 저작자와 저작권자의 구분은 실무에서 중요한 의미를 가진다. 예컨대 소설이나 시의 경우 작가가 아닌 출판사가 저작권을 가지고 있는 경우가 적지 않다. 신탁관리단체에게 저작권을 신탁한 경우에도 창작자가 아닌 신탁관리단체에게 허락을 받아야 한다.

교육 현장에서도 필요하다면 저작권을 양도받아 '저작권자'가 될 수 있다. 실제로 교내 대회 수상작의 향후 활용을 위해 학생에게 저작권 양도를 요청하는 사례가 많았다[저작권 양도·이용허락에 대해서는 제1장 나. 4) 참조].

나) 업무상저작물

Q ○○고등학교 중간고사 시험 문제의 저작자는 항상 출제 교사인가?

 업무상저작물에 해당하는 경우 사용자를 저작자로 본다.
법원은 출제자의 기명이 없는 시험 문제의 저작권자를 학교설립·운영주체라고 하면서 그 저작권은 공립은 교육청에, 사립은 학교재단에 있다고 판시하였다[대법원 2008. 4. 10. 선고 2008다5004 판결]. 업무상저작물인 시험 문제를 교육 콘텐츠로 활용하고자 한다면, 출제 교사가 아닌 교육청 등에 문의해야 하는 것이다.

(1) 의의와 요건

업무상저작물에 해당하면 실제 창작한 직원이 아닌, '법인·단체 그 밖의 사용자'를 저작자로 본다. 저작권법상 업무상저작물이 되어 법인 등이 저작자가 되는 요건을 정리하면, 법인·단체 그 밖의 사용자("법인등")의 기획하에(요건 ①) 법인등의 업무에 종사하는 자가(요건 ②) 업무상 작성하는 저작물(요건 ③)로서 법인등의 명의로 공표(요건 ④)되는 것이다.

1. 법인 단체 그 밖의 사용자가 저작물의 작성에 관하여 기획할 것(요건 ①)
2. 법인 등의 업무에 종사하는 자에 의하여 작성될 것(요건 ②)
3. 업무상 작성하는 저작물일 것(요건 ③)

4. 법인 등의 명의로 공표되는 것(요건 ④)
   - 컴퓨터프로그램저작물의 경우 공표될 것을 요하지 아니함
5. 계약 및 근무조건에 다른 정함이 없을 것(요건 ⑤)[12]

> **저작권법**
>
> 제2조(정의) 31. "업무상저작물"은 법인·단체 그 밖의 사용자(이하 "법인등"이라 한다)의 기획 하에 법인등의 업무에 종사하는 자가 업무상 작성하는 저작물을 말한다.
> 제9조(업무상저작물의 저작자) 법인등의 명의로 공표되는 업무상저작물의 저작자는 계약 또는 근무규칙 등에 다른 정함이 없는 때에는 그 법인등이 된다. 다만, 컴퓨터프로그램저작물(이하 "프로그램"이라 한다)의 경우 공표될 것을 요하지 아니한다.

(2) 시험 문제의 저작자

학교의 중간고사·기말고사 시험 문제를 '업무상저작물'로 보고 설립 경영 주체를 저작자로 본 판례가 있다. 학교의 시험 문제는 특정 교사가 단독으로 중간고사, 기말고사 문제를 모두 창작하기 보다는 팀을 이루어, 상급자의 지시를 받으며 공동으로 출제하는 경우가 많다. 예컨대 시도교육청은 주관식 문항의 비율을 40%로 하라는 등 일반적인 평가 매뉴얼을 보급하고, 연구부 시험담당 평가계는 시험 문제 수준 및 난이도 등을 지시한다. 이에 따라 업무상 시험 문제를 출제하고 시험지는 00고등학교와 같이 법인 등의 명의로 공표되는 것이 일반적이므로, 업무상 저작물 요건에 충족하는 것이다. 법원도 공립학교 시험 문제의 저작자는 설립 경영 주체인 지방자치단체(서울시)라고 판단하였다.[13]

> **시험문제의 저작자 사건[대법원 2008. 4. 10. 선고 2008다5004 판결]**
>
> "00고의 실질적 지휘·감독하에 있는 00고 교사인 원고들의 업무에는 소속 학생들의 내신 성적 등의 평가를 위하여 시험 문제를 출제하는 업무가 통상적인 업무로서 포함된다고 할 것이며, 시험 문제지 우측 하단에 '00고등학교'라고 명기되고 출제자 표시는 되어 있지 않은

---

12) 요건 ⑤는 당사자 간 합의에 의하여 저작자의 지위를 정하는 것이므로 별도의 요건이라고 하기가 어렵다. 실무에서 계약 등으로 다르게 정하는 사례는 매우 드물다.
13) 국가, 지자체가 저작권을 보유하는 교육정보에 대한 저작권 관리 방안에 대해서는 최진원(2011), "국가교육정보 관리에 대한 연구", 문화미디어엔터테인먼트, 제5권 제1호, 143면 이하 참조.

이 사건 OO고 시험 문제가 특정 다수인인 OO고 해당 학년 학생들에게 시험 평가를 위하여 배포되고 회수되지 않았으므로 이 사건 OO고 시험 문제는 OO고 명의로 공표되었다고 할 것인바, OO고의 기획하에 그 업무에 종사하는 OO고 교사들이 업무상 작성한 이 사건 OO고 시험 문제가 OO고의 명의로 일반공중인 소속 학생들에게 공표되었"으므로, 저작자는 설립 경영 주체인 서울시라고 보았다.

저작자 결정의 원칙 : 창작자 주의

- 저작자는 '저작물을 창작한 자'를 말한다(저작권법 제2조 제2호).
- 저작자는 제11조 내지 제13조의 규정에 따른 저작인격권과 제16조 내지 제22조의 규정에 따른 저작재산권을 가진다(저작권법 제10조).

창작자 주의의 예외 : 업무상저작물

- 법인·단체 그 밖의 사용자의 기획하에 법인 등의 업무에 종사하는 자가 업무상 작성하는 저작물 (저작권법 제2조제31호)
- 요건 : 법인 단체 그 밖의 사용자의 기획 + 업무 범위 내 + 법인 등의 명의로 공표

토론해 봅시다

Q. 대학교수의 강의안은 업무상저작물일까?

교사의 수업과 이를 위한 준비 과정은 업무 범위에 포함될 여지가 있다. 하지만 사안 별로 업무상저작물의 다른 요건들의 충족 여부를 확인해 볼 필요가 있다. 특히 대학의 경우 내용의 자율성이나 공표 명의 등의 요건을 충족시키지 못할 가능성이 크다.
참고로 미국에서는 대학교수의 강의안은 저작권이 대학이 아니라 교수에게 귀속된다는 판결이 있었다[Williams v. Weisser, 273 Cal.App. 2d726, 78Cal. Rptr. 542(1969)]. 대학 당국이 강의안의 내용에 대해 지시 내지 규율을 할 수 없다는 것이 근거였다. 이를 소위 'Academic Exception'이라고도 한다.

3) 권리를 준다[저작권]

가) 무방식주의와 저작권 등록

 책 뒷면에 ©, Copyright, All rights reserved. 등이 표시된 경우가 많다. 저작권 표시로 알고 있는데, 반대로 이런 표시가 없는 경우에는 자유롭게 이용하라는 의미로 보면 되는가?

 저작권은 창작과 동시에 발생하며 즉시 법적인 보호를 받는다. 등기, 등록, 어떠한 표시도 필요치 않다.

(1) 무방식주의

저작권은 창작과 동시에 권리가 발생한다. 등기나 등록 등 어떠한 방식도 요구하지 않는다. 이를 '무방식주의'라고 한다.

우리나라 저작권법 제10조에 '저작권은 저작물을 창작한 때부터 발생하며 어떠한 절차나 형식의 이행을 필요로 하지 아니한다.'고 규정하였으며, 베른협약 가입국들은 모두 무방식주의에 따르고 있으므로, 다른 나라에서 저작권 행사를 함에 있어서도 등기나 등록 등의 절차가 필요치 않다.

> **저작권법**
> 제10조(저작권) ② 저작권은 저작물을 창작한 때부터 발생하며 어떠한 절차나 형식의 이행을 필요로 하지 아니한다.

(2) 저작권 표시와 등록

예컨대 ©, 'All rights reserved.'와 같은 저작권 표시는 어떤 의미가 있는가? 결론적으로 '큰 의미는 없는 문구'라고 할 수 있다. 과거 세계저작권협약에서 이와 같은 표시를 하면 각 국이 개별적으로 정한 방식에 불구하고 저작권 보호를 해주기로 약속한 적이 있다. 베른협약에 가입한 이상, 저와 같은 문구를 붙이거나 저작권 등록을 할 필요 없이, 창작과 동시에 저작권이 발생한다.

하지만 '저작권 등록'이 법적인 의미가 있다. 등록을 하지 않아도 저작권은 발생하지만, 등록을 통해 '저작자 추정'과 '저작 시기 추정' 등의 '추정력'과 '대항력' 등의 추가적인 법적 효과를 누릴 수 있다. 분쟁 발생 시 커다란 도움이 될 수 있다.

등록은 한국저작권위원회를 통해 쉽게 할 수 있다. 내방, 우편, 온라인(www.cros.or.kr) 중 편한 방법으로 하면 된다. 비용은 온라인으로 등록 신청 시 23,600원(컴퓨터프로그램은 53,600원), 양도 등 권리 변동 등록은 78,240만 원(컴퓨터프로그램은 84,000원)이다(2019년 1월 기준).

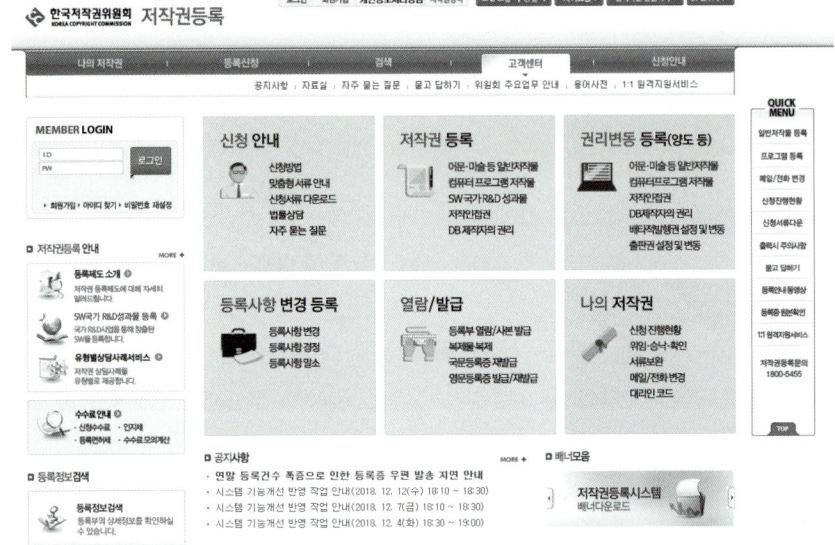

저작권 등록시스템(www.cros.or.kr)

 **나도 전문가** | 등록으로 얻을 수 있는 법적 효과

예1) 저작자에 대한 논란이 발생했을 때 - 등록증을 제시하면, 저작자로 추정 받을 수 있다.
예2) 창작 시기에 대한 분쟁이 발생했을 때 - 등록으로 창작일·공표일이 추정되므로, 창작 시점이나 공표시기에 대한 다툼이 발생했을 때 요긴하게 활용된다.
예3) 서로 저작권을 양도받았다고 주장할 때 - 예컨대 저작권자 A가 저작권을 B에게 양도한 뒤에 다시 C에게도 양도한 경우, 즉 저작권을 2번 팔아버린 경우에 B와 C 중 저작권 양도 사실을 먼저 등록한 사람이 권리를 가지게 된다. 즉 B가 먼저 계약을 했더라도 등록을 C가 먼저 했다면 C가 B에 대해 '대항력'을 가진다.

추정력 : 등록을 통해 '저작자 추정'과 '저작 시기 추정' 효과를 받을 수 있다. 이를 통해 등록부에 기재된 사항이 사실인 것으로 추정되므로, 분쟁 발생 시 유리한 지위에 설 수 있다.
'저작자 추정' : 실명이 등록된 자는 그 등록저작물의 저작자로 추정.(무명저작물인 경우 실명

등록으로 보호 기간이 늘어나는 효과를 얻을 수도 있다.)[14]

'저작 시기 추정' : 창작연월일 또는 맨 처음의 공표연월일이 등록된 저작물은 등록된 연월일에 창작 또는 맨 처음 공표된 것으로 추정.

> 제53조(저작권의 등록) ③ ...저작자로 실명이 등록된 자는 그 등록저작물의 저작자로, 창작연월일 또는 맨 처음의 공표연월일이 등록된 저작물은 등록된 연월일에 창작 또는 맨 처음 공표된 것으로 추정한다.

대항력 : 저작권의 양도(또는 처분제한 등) 사실을 등록하면, 양립할 수 없는 법률상 지위를 가진 자(ex. 이중 매매)에게 대항할 수 있다.

즉 A가 B와 C에게 저작권을 2번 양도한 경우, 등록한 자가 등록하지 않은 자보다 유리한 지위를 가진다. 예컨대 B가 A와 먼저 양도계약을 체결했더라도 등록을 하지 않고 있으면, C가 등록하면 B보다 우선하는 것이다(B는 등록한 C에게 대항 불가 : 대항력).

그러므로 저작권을 양도받은 경우와 같이, 권리가 변동된 것을 등록하는 것은 큰 의미가 있다. 이중 양도에 대비할 수 있는 소위 대항력이라는 법적 효과를 주고 있기 때문이다. 저작권의 경제적 가치가 높아지면서, 저작권 양도에 대한 등록 건수도 늘어나고 있다.

> 제54조(권리변동 등의 등록·효력) 다음 각 호의 사항은 이를 등록할 수 있으며, 등록하지 아니하면 제3자에게 대항할 수 없다. 〈개정 2011. 12. 2.〉
> 1. 저작재산권의 양도(상속 그 밖의 일반승계의 경우를 제외한다) 또는 처분제한
> 2. 제57조에 따른 배타적발행권 또는 제63조에 따른 출판권의 설정·이전·변경·소멸 또는 처분제한
> 3. 저작재산권, 제57조에 따른 배타적발행권 및 제63조에 따른 출판권을 목적으로 하는 질권의 설정·이전·변경·소멸 또는 처분제한

법정손해배상 청구의 요건 : 침해행위가 일어나기 전에 저작물이 등록되어 있을 경우, 침해로 인한 손해액을 구체적으로 입증하지 않아도 저작물당 1천만 원 이하(영리목적으로 고의로 침해한 경우 5천만 원 이하)의 법정손해배상 청구 가능.

도움말 ▶ 저작권자가 손해배상을 받기 위해서는 손해액을 입증해야 하는데, 소송 절차상 쉽지 않은 경우가 많다. 법정손해배상은 분쟁 발생 시 소송에서 유리한 지위를 확보하게 해준다.

> 제125조의2(법정손해배상의 청구) ③ 저작재산권자등이 제1항에 따른 청구를 하기 위해서는 침해행위가 일어나기 전에 제53조부터 제55조까지의 규정(제90조 및 제98조에 따라 준용되는 경우를 포함한다)에 따라 그 저작물등이 등록되어 있어야 한다.

---

14) cf. 제40조(무명 또는 이명 저작물의 보호 기간) ① 무명 또는 널리 알려지지 아니한 이명이 표시된 저작물의 저작재산권은 공표된 때부터 70년간 존속한다. ② 다음 각 호의 어느 하나에 해당하는 경우에는 제1항의 규정은 이를 적용하지 아니한다. 2. 제1항의 기간 이내에 제53조 제1항의 규정에 따른 저작자의 실명 등록이 있는 경우.

나) 저작자의 권리

저작자는 저작인격권(양도 불가)과 저작재산권(양도 가능)을 가진다.

(1) 저작인격권

저작인격권이란 저작자가 자신의 저작물에 대해 가지는 인격적·정신적 권리를 말한다. 저작인격권은 양도가 되지 않기 때문에 항상 '저작자'가 보유하고 있다.(cf. 저작재산권은 양도가 가능하므로, 저작자와 저작재산권자가 달라질 수 있다.)

> **저작권법**
> 제14조(저작인격권의 일신전속성) ① 저작인격권은 저작자 일신에 전속한다.

Q 저작권을 넘기면서 저작인격권도 함께 양도한다는 계약서를 작성했다. 저작물에 내 이름을 표시해 달라고 할 수 있는지?

O 계약서에 저작인격권을 양도하겠다고 적었더라도, 이는 무효이다. 저작인격권은 양도가 되지 않기 때문이다. 저작권법을 잘 몰라서 모두 양도한다고 약속했더라도, 창작자는 성명표시권이나 동일성유지권 등을 행사할 수 있다.

우리나라 저작권법은 저작인격권으로 공표권, 성명표시권, 동일성유지권 등 3가지를 부여하고 있다.[15]

저작인격권	공표권	(제11조) : 저작물을 공표하거나 공표하지 아니할 것을 결정할 권리
	성명표시권	(제12조) : 저작자가 저작물의 원작품이나 그 복제물에 또는 저작물의 공표에 있어서 그의 실명 또는 이명을 표시하거나 표시하지 않을 권리
	동일성유지권	(제13조) : 법에 명시된 경우를 제외하고 저작자가 갖는 그 저작물의 내용, 형식 및 제호의 변경을 금지하여 동일성을 유지할 권리

---

15) 넓게는 배타적 발행과 출판에 있어 저작물의 수정증감을 할 수 있는 권리도 저작인격권의 하나로 볼 수 있다. 제58조의2(저작물의 수정증감) ① 배타적발행권자가 배타적발행권의 목적인 저작물을 발행등의 방법으로 다시 이용하는 경우에 저작자는 정당한 범위 안에서 그 저작물의 내용을 수정하거나 증감할 수 있다. 제63조의2(준용) 제58조부터 제62조까지는 출판권에 관하여 준용한다. 이 경우 "배타적발행권"은 "출판권"으로, "저작재산권자"는 "복제권자"로 본다.

(2) 저작재산권

(가) 종류

우리가 일반적으로 '저작권'이라고 일컫는 것은 '저작재산권'이다. 저작재산권은 복제권, 배포권, 대여권, 공연권, 공중송신권, 전시권, 2차적저작물작성권 등 7가지가 있다.

이용자 입장에서 보면 권리가 부여되지 않은 사용 형태는 저작권자에게 허락을 받을 필요가 없다는 의미이기도 하다. 예컨대 서점에서 판매 중인 책을 돈을 내지 않고 읽는 것은 저작권자의 권리 범위에 속하지 않는다.

저작재산권	복제권	(제16조) : 그 저작물을 복제할 권리 저작물을 인쇄·사진 촬영·복사·녹음·녹화·다운로드 등의 방법으로 유형물에 고정하거나 유형물로 다시 제작할 권리이며, 건축물의 경우 건축 모형 또는 설계도서에 따라 시공하는 권리가 포함됨
	공연권	(제17조) : 저작물 또는 실연·음반·방송을 상연이나 연주·가창·구연·낭독·상영·재생 그 밖의 방법으로 공중에 공개하는 권리이며, 동일인의 점유에 속하는 연결된 장소 안에서 이루어지는 송신(전송 제외)이 포함됨
	공중송신권	(제18조) : 저작물, 실연·음반·방송 또는 데이터베이스를 공중이 수신하거나 접근하게 할 목적으로 무선 또는 유선통신의 방법에 의하여 송신하거나 이용에 제공할 권리
	전시권	(제19조) : 미술·사진 및 건축 저작물의 원본이나 복제물을 일반 공중이 관람할 수 있도록 전시할 권리
	배포권	(제20조) : 저작물의 원작품 혹은 복제물을 대가를 받거나 받지 않고 일반 공중에게 양도 혹은 대여할 권리
	대여권	(제21조) : 상업용 음반이나 상업용 컴퓨터프로그램을 영리를 목적으로 대여할 권리 *DVD, 도서대여는 자유. *무상 대여도 자유.
	2차적저작물 등의 작성권	(제22조) : 원저작물을 번역·편곡·변형·각색·영상제작 등의 방법으로 독창적인 저작물로 제작하고, 이를 이용할 권리

(나) 권리의 제한

 학교가 구입한 그림을 복도에 걸어두려고 한다. 하지만 저작재산권 중에 전시권이란 게 있다고 들었다. 전시권에 대하여 허락을 받지 못하면, 돈 주고 산 그림도 전시할 수가 없는가?

X 저작권자에게 전시권이 있는 것은 맞다. 하지만 전시권에 대한 저작재산권 제한 조항이 있어 소유자의 전시에 대해서는 전시권이 제한되므로, 구입한 그림이라면 허락 없이도 전시할 수 있다(제35조).

> **저작권법**
>
> 제35조(미술저작물 등의 전시 또는 복제) ① 미술저작물등의 원본의 소유자나 그의 동의를 얻은 자는 그 저작물을 원본에 의하여 전시할 수 있다. [후략]

복제권이 있다고 하여 모든 복제를 금지시킬 수 있는 것은 아니다. 저작재산권의 범위를 이해하기 위해서는 복제권 등 7가지 권리와(제16조~제22조) 저작재산권의 제한 사항(제23조~제35조의3)을 함께 살펴보아야 한다. 저작재산권자는 이하의 '저작재산권 제한'이 되는 영역에 대해서는 권리를 주장할 수 없다.

> **저작권법**
>
> 제23조 재판절차, 입법 · 행정 자료를 위한 저작물의 복제
> 제24조 공개적으로 행한 정치적 연설, 법정 · 국회 · 지방의회에서의 진술 등의 이용
> 제24조의2 공공저작물의 자유이용
> **제25조 교과용 도서 게재, 학교 교육 목적 등에의 이용**
> 제26조 시사보도를 위한 이용
> 제27조 시사적인 기사 및 논설의 복제 등
> **제28조 공표된 저작물의 인용**
> **제29조 영리를 목적으로 하지 아니하는 공연·방송**
> **제30조 사적 이용을 위한 복제**
> 제31조 도서관 등에 보관된 자료의 복제 등
> 제32조 시험 문제로서의 복제
> 제33조 시각장애인 등을 위한 점자에 의한 복제 등
> 제33조의2 청각장애인 등을 위한 수화 변환 등
> 제34조 방송사업자의 자체방송을 위한 일시적 녹음·녹화
> 제35조 미술저작물 등의 일정한 장소에서의 전시 또는 복제
> 제35조의2 저작물 이용과정에서의 일시적 복제
> **제35조의3 저작물의 공정한 이용**
> 제36조 번역 등에 의한 이용
>
> **2020 개정 저작권법**
> 제35조의3 부수적 복제 등
> 제35조의4 문화시설에 의한 복제 등

 **나도 전문가**

저작인접권 : 창작자도 아닌데 권리가 있다?

저작권법은 "① 창작자에게 ② 저작권을 주는 것"을 주요 내용으로 하고 있지만, 창작자가 아닌 '저작인접권자'에게도 일정 권리를 부여한다.

저작인접권이란[16] 저작물의 해석이나 확산에 도움을 줌으로써 문화 발전에 기여하는 자들에게 저작권과 유사한 권리를 부여하는 것이다. 우리나라에서는 **실연자, 음반제작자, 방송사업자**에게 복제권 등 저작인접권이 주어져 있다.

- 실연자 : 저작물을 연기·무용·연주·가창·구연·낭독 또는 예능적 방법으로 표현하거나 저작물이 아닌 것을 이와 유사한 방법으로 표현하는 실연을 하는 자를 말하며, 실연을 지휘·연출 또는 감독하는 자를 포함 - 예컨대, 배우·가수·연주자·지휘자 등
- 음반제작자 : 음반을 최초로 제작함에 있어 전체적으로 기획하고 책임을 지는 자 - 예컨대, SM엔터테인먼트·YG엔터테인먼트 등
- 방송사업자 : 방송을 업으로 하는 자 - 예컨대, KBS·MBC·SBS 등

이들은 비록 저작물의 '창작'에 처음부터 관여하지는 않지만, 문화 발전에 기여한 바가 크므로, 저작권과는 별도로 법적 보호가 마련되었다.(저작권자보다는 제한적인 권리를 부여한다.) 그 결과 예컨대 음악을 전송하려면 저작권자뿐만 아니라, '저작인접권자'에게도 허락을 받아야 한다.

저작인접권	실연자	인격권	성명표시권	(제66조) : 그의 실연 또는 실연의 복제물에 그의 실명 또는 이명을 표시할 권리
			동일성유지권	(제67조) : 그의 실연의 내용과 형식의 동일성을 유지할 권리
		재산권	복제권	(제69조) : 그의 실연을 복제할 권리
			배포권	(제70조) : 그의 실연의 복제물을 배포할 권리
			대여권	(제71조) : 그의 실연이 녹음된 판매용 음반을 영리를 목적으로 대여할 권리
			공연권	(제72조) : 그의 고정되지 아니한 실연을 공연할 권리
			방송권	(제73조) : 그의 실연을 방송할 권리
			전송권	(제74조) : 그의 실연을 전송할 권리

---

16) 'neighbouring right(specific right neighbouring on copyright)'의 우리말 번역이다.

저작 인접권		채권적 권리	보상청구권	(제75조) : 방송사업자가 실연이 녹음된 상업용 음반을 사용하여 방송하는 경우에는 상당한 보상금을 그 실연자에게 지급하여야 한다
				(제76조) : 디지털음성송신사업자가 실연이 녹음된 음반을 사용하여 송신하는 경우에는 상당한 보상금을 그 실연자에게 지급하여야 한다
				(제76조의2) : 실연이 녹음된 상업용 음반을 사용하여 공연을 하는 자는 상당한 보상금을 해당 실연자에게 지급하여야 한다
	음반제작자	재산권	복제권	(제78조) : 그의 음반을 복제할 권리
			배포권	(제79조) : 그의 음반을 배포할 권리
			대여권	(제80조) : 판매용 음반을 영리를 목적으로 대여할 권리
			전송권	(제81조) : 그의 음반을 전송할 권리
		채권적 권리	보상청구권	(제82조) : 방송사업자가 상업용 음반을 사용하여 방송하는 경우에는 상당한 보상금을 그 음반제작자에게 지급하여야 한다
				(제83조) : 디지털음성송신사업자가 음반을 사용하여 송신하는 경우에는 상당한 보상금을 그 음반제작자에게 지급하여야 한다
				(제83조의2) : 상업용 음반을 사용하여 공연을 하는 자는 상당한 보상금을 해당 음반제작자에게 지급하여야 한다
	방송사업자	재산권	복제권	(제84조) : 그의 방송을 복제할 권리
			동시중계방송권	(제85조) : 그의 방송을 동시중계방송할 권리
			공연권	(86조의2) : 공중의 접근이 가능한 장소에서 방송의 시청과 관련하여 입장료를 받는 경우에 그 방송을 공연할 권리

Q 영화의 일부 장면을 이용하고 싶다. 극작가, 촬영 감독, 배우 등 수많은 사람들에게 각각 허락을 받는 수밖에 없는지?

X 영상저작물은 다수의 저작자들이 참여하여 만드는 종합예술 장르이다. 따라서 이론적으로는 저작자가 다수 존재하고 이들에게 각각 허락을 받아야 할 것이다. 하지만 저작권법은 영상저작물의 원활한 이용 및 유통 등을 위해 극작가나 스태프, 배우 등의 권리가 제작자에게 양도되는 것으로 추정하는 등 영상저작물 특례 규정을 마련해 두었다. 실무상으로도 영화의 경우 대부분 제작자에게 권리가 집중되어 있다.

나도 전문가

투자에 대한 보호 : DB제작자, 영상물제작자

저작물 창작에 단순히 경제적 투자만 하였다면 이 사람은 저작자가 아니다. 하지만 투자자 역시 법적 보호의 필요성이 있다. 이에 저작권법에는 저작인접권 외에도 ㉮ 데이터베이스제작자와 ㉯ 영상저작물제작자 등 투자자를 배려하는 제도가 마련되어 있다.

- **데이터베이스제작자의 권리** : 데이터베이스 투자를 장려하기 위하여 제작자에게 일정한 권리 부여(제90조).
  데이터베이스제작자는 '데이터베이스의 제작 또는 그 소재의 갱신·검증 또는 보충에 인적 또는 물적으로 상당한 투자를 한 자'이다.[17]
  데이터베이스 제작을 완료한 때부터 5년간 복제권, 배포권, 방송권, 전송권이 주어진다(권리의 제한·양도·이용허락·권리 소멸·등록 등은 저작권과 동일).

- **영상저작물 특례** : 영상저작물의 원활한 이용 및 유통 등을 위해, 특례 규정을 통해 제작자에게 허락·양도된 것으로 추정(제99조~제101조).
  소설 등 저작물의 영상화 : 저작물의 영상화를 허락하는 경우 특약이 없는 한 영상저작물을 본래의 목적으로 활용하는데 필요한 일정한 권리를 포함해 제작자에게 허락한 것으로 추정.
  스태프 등의 저작권 양도 추정 : 영상제작자와 영상저작물의 제작에 협력할 것을 약정한 자의 저작권은 영상제작자에게 양도되는 것으로 추정.
  실연자의 저작권 양도 추정 : 영상저작물을 본래의 창작물로서 이용하는데 필요한 복제권·배포권·방송권 및 전송권 등이 제작자에게 양도된 것으로 추정.

4) 양도와 이용허락

저작재산권이 제한되거나 보호 기간이 경과하는 등 허락을 받지 않아도 되는 특별한 사유가 없다면, 저작물 이용 전에 저작재산권을 '양도'받거나 '이용허락' 받아야 하는 것이 원칙이다.

가) 저작재산권의 양도

저작재산권은 양도할 수 있다. 유상·무상 모두 가능하다(제45조). 이용자 입장에서도 저작권을

---

[17] 저작권법의 '데이터베이스'는 사전적 의미와는 다소 다르게 정의되어 있다. 제2조 19. "데이터베이스"는 소재를 체계적으로 배열 또는 구성한 편집물로서 개별적으로 그 소재에 접근하거나 그 소재를 검색할 수 있도록 한 것을 말한다.

양도받으면, 아예 '저작권자'의 지위에서 자유롭게 저작물을 이용할 수 있게 된다.

> **저작권법**
>
> 제45조(저작재산권의 양도) ① 저작재산권은 전부 또는 일부를 양도할 수 있다.
> ② 저작재산권의 전부를 양도하는 경우에 특약이 없는 때에는 제22조에 따른 2차적저작물을 작성하여 이용할 권리는 포함되지 아니한 것으로 추정한다. 다만, 프로그램의 경우 특약이 없는 한 2차적저작물작성권도 함께 양도된 것으로 추정한다. 〈개정 2009. 4. 22.〉

다만, 저작재산권을 양도받은 경우에도, 저작인격권은 여전히 저작자에게 남아 있다는 점을 주의해야 한다(저작인격권의 일신전속성). 저작권이 양도되는 경우 저작재산권과 저작인격권의 보유자가 달라지게 된다.

> **저작권법**
>
> 제14조(저작인격권의 일신전속성) ① 저작인격권은 저작자 일신에 전속한다.

나) 저작재산권의 이용허락

저작권자는 저작재산권을 보유한 채 일정 범위에서 이용허락을 할 수 있다[제46조]. 이용 방법 및 조건을 정한 경우에는 그 범위 안에서 이용해야 한다.

> **저작권법**
>
> 제46조(저작물의 이용허락) ① 저작재산권자는 다른 사람에게 그 저작물의 이용을 허락할 수 있다.
> ② 제1항의 규정에 따라 허락을 받은 자는 허락받은 이용 방법 및 조건의 범위 안에서 그 저작물을 이용할 수 있다.
> ③ 제1항의 규정에 따른 허락에 의하여 저작물을 이용할 수 있는 권리는 저작재산권자의 동의 없이 제3자에게 이를 양도할 수 없다.

이용허락을 위해서 저작재산권자와 이용자가 직접 협의하는 경우도 있겠지만, 약관을 통하여 다수를 대상으로 허락하는 경우가 많다.[18]

---

[18] 포장을 풀거나 동의 버튼을 누르는 것으로 라이선스를 부여하는 방식을 '쉬링크랩(shrink-wrap) 라이선스', '클릭랩(click-wrap) 라이선스'라고 한다.

저작권자는 저작재산권을 신탁관리단체에 신탁하거나 대리중개업자에게 권리행사 권한을 위임하기도 한다. 이 경우 이용자는 신탁관리업자나 대리중개업자를 통해 상대적으로 쉽게 이용허락을 받을 수 있다.

 **나도 전문가** — 양도와 이용허락 그 중간쯤…? – 배타적발행권/출판권

- **배타적발행권** : 저작물을 '배타적으로' 발행하거나 복제·전송할 수 있도록 설정해 주는 권리(제57조 내지 제62조). 저작재산권이 양도되는 것은 아니지만, 배타적발행권을 설정 받은 자는 직접 민사소송의 원고가 되거나 형사소송의 고소권을 행사하여 민·형사상 구제 가능.(cf. 이용허락을 받은 자는 저작권 침해에 대하여 직접 권리행사 불가.)
- **출판권** : 배타적발행권의 한 유형으로, '종이책자' 형태로 복제·배포할 수 있도록 설정해 주는 권리(제63조 내지 제63조의2).[19]

5) 침해, 분쟁과 구제

가) 침해 요건 – '의거'+ 실질적 유사성

 남의 것을 보고 베낀 것은 아니지만, 창작할 때마다 나보다 먼저 비슷한 저작물을 만들었으면 어떻게 하나 걱정이 된다. 그림을 그릴 때는 다른 사람이 그린 것과 다르게 그리지 않으면 저작권 침해가 되는지, 즉 내가 그린 그림과 비슷한 걸 누가 먼저 그렸으면 저작권 침해 가능성이 높은가?

X 다른 사람의 저작물에 '의거'하여야만 저작권 침해가 된다. '의거'한 것이 아니라면, 설령 거의 동일한 그림이 결과물로 나오더라도 저작권 침해를 걱정할 필요는 없다.

저작권법은 저작권 침해가 되려면 다른 사람의 저작물에 '의거'하여 실질적으로 유사한 결과물을 만든 경우만 문제 삼는다. 따라서 글을 쓰거나 그림을 그리고 작곡을 하는 등 창작을 하면서, 혹시 다른 사람 저작물과 비슷할까 봐 위축될 필요는 없다.

---

19) cf. 배타적발행권과 출판권 – 종이책에 대하여 출판권 설정 계약을 체결하던 저작권자가 전자책 출판을 하려면 배타적발행권 설정 계약을 체결해야 한다.

나) 구제 수단

권리자가 저작권 침해를 당했을 때 취할 수 있는 구제 수단은 크게 ① 민사와 ② 형사 2가지이다.

(1) 민사적 구제

민사적 구제 제도의 2대 지주는 침해금지제도와 손해배상제도이다.[20]

먼저 침해금지는 권리자가 침해자에게 행위의 정지를 청구하는 것으로, 일단 더 이상의 침해를 막으려는 것이다. 현재 '침해하고 있는 자' 뿐만 아니라, 침해의 우려가 있는 자에 대해서도 예방 또는 손해배상의 담보를 청구할 수 있다.

> **저작권법**
>
> 제123조(침해의 정지 등 청구) ① 저작권 그 밖에 이 법에 따라 보호되는 권리(제25조 · 제31조 · 제75조 · 제76조 · 제76조의2 · 제82조 · 제83조 및 제83조의2의 규정에 따른 보상을 받을 권리를 제외한다. 이하 이 조에서 같다.)를 가진 자는 그 권리를 <u>침해하는 자에 대하여 침해의 정지를 청구할 수 있으며</u>, 그 권리를 침해할 우려가 있는 자에 대하여 침해의 예방 또는 손해배상의 담보를 청구할 수 있다.

또한 저작권자는 침해로 인하여 발생한 손해의 배상을 청구할 수 있다.(저작권 등록을 해두면, 손해액의 입증 부담을 덜어주는 법정손해배상을 선택할 수도 있다는 점은 전술한 바와 같다.)

> **저작권법**
>
> 제125조(손해배상의 청구) ① 저작재산권 그 밖에 이 법에 따라 보호되는 권리(저작인격권 및 실연자의 인격권을 제외한다)를 가진 자(이하 "저작재산권자 등"이라 한다)가 고의 또는 과실로 권리를 침해한 자에 대하여 그 <u>침해행위에 의하여 자기가 받은 손해의 배상을 청구</u>하는 경우에 그 권리를 침해한 자가 그 침해행위에 의하여 이익을 받은 때에는 그 이익의 액을 저작재산권자 등이 받은 손해의 액으로 추정한다.

---

[20] 저작권법상의 제도는 아니지만, 민법상 부당이득반환청구도 가능하다(민법 제741조(부당이득의 내용). 법률상 원인 없이 타인의 재산 또는 노무로 인하여 이익을 얻고 이로 인하여 타인에게 손해를 가한 자는 그 이익을 반환하여야 한다.; 상세한 설명은 송영식·이상정 (2017), 저작권법강의, 세창, 283면 이하.

> 제125조의2(법정손해배상의 청구) ① 저작재산권자 등은 고의 또는 과실로 권리를 침해한 자에 대하여 사실심(事實審)의 변론이 종결되기 전에는 실제 손해액이나 제125조 또는 제126조에 따라 정하여지는 손해액을 갈음하여 침해된 각 저작물 등마다 1천만 원(영리를 목적으로 고의로 권리를 침해한 경우에는 5천만 원) 이하의 범위에서 상당한 금액의 배상을 청구할 수 있다.

(2) 형사적 구제

저작재산권 침해 - 5년 이하의 징역 또는 5천만 원 이하의 벌금

저작인격권 등 인격적 권리 침해 - 3년 이하의 징역 또는 3천만 원 이하의 벌금

출처명시를 하지 않은 자 - 5백만 원 이하의 벌금

*형사책임과 민사책임은 별도

친고죄 - 피해자의 고소가 있어야 공소(제140조. 단 영리 목적 또는 상습적 침해의 경우 비친고죄). 친고죄는 범인을 알게 된 날로부터 6개월 경과 시 고소할 수 없다.

양형은 최종적으로 법원의 판단에 따르게 되겠지만, 양형위원회가 마련한 기준은 참고가 된다.

저작권 침해행위에 대한 양형기준(2017. 5. 15. 시행)

유형	구분	감경	기본	가중
1	저작재산권침해	~ 10월	8월 ~ 1년6월	1년 ~ 3년
2	기타 저작권 관련 침해	~ 8월	6월 ~ 1년4월	10월 ~ 2년

* 제2유형은 저작인격권 침해, 부정등록행위, 데이터베이스제작자의 권리 침해, 저작권행사 방해행위, 침해간주행위를 포함

구분		감경요소	가중요소
특별양형인자	행위	· 실제 피해가 경미한 경우 · 범행가담 또는 범행동기에 특히 참작할 사유가 있는 경우 · 비영리 목적 이용행위	· 계획적 · 조직적 범행 · 권리자에게 심각한 피해를 초래한 경우 · 침해가 객관적으로 명백한 상태에서 침해 중단 요구를 받고도 침해행위를 지속한 경우
	행위자/기타	· 농아자 · 심신미약(본인 책임 없음) · 자수 · 처벌불원(피해 회복을 위한 진지한 노력 포함)	· 동종 누범 · 3회 이상의 동종 전과
일반양형인자	행위	· 소극 가담 · 생계형 범죄	· 반복적 또는 장기간의 범행 · 피해규모가 큰 경우 · 등록된 권리를 침해한 경우
	행위자/기타	· 진지한 반성 · 피해 회복을 위한 노력(상당 금액 공탁 등) · 형사처벌 전력 없음	· 동종 전과(집행 종료 후 10년 미만)

| 도움말 | '저작권 교육조건부 기소유예'와 '청소년 저작권 침해 고소 각하제도' |

초등학교 교사이다. 초등학교 2학년 학생이 저작권 침해로 경고장을 받고, 교도소에 잡혀갈까 봐 걱정된다면서 울고 있다. 어린이도 저작권 침해를 하면 형사 처벌을 받는 것은 어른과 똑같은가?

X 14세 이하는 '형사미성년자'이므로 형사벌을 받지는 않는다. 법제도는 학생들이 저작권 침해로 형사 처벌 되는 것을 피하기 위하여, 여러 가지 고민을 하고 있다. 대표적인 것이 소위 형사미성년자의 개념이다. 14세가 되지 않았다면 이유 여하를 막론하고 형사처벌을 하지 않는다.

다만 14세가 넘은 중·고등학생이라면 원칙적으로 성인과 동일하게 형사벌을 받게 된다. 하지만 청소년 저작권 고소 건수가 급증하고 형사벌로 위협하며 과도한 합의금을 요구하는 사건이 빈발하자, 청소년에 대하여 형사벌을 제한하는 정책적 배려가 고려되었다. '저작권 교육조건부 기소유예'와 '청소년 저작권 침해 고소 각하제도'가 그것이다. 즉 저작권에 대한 교육 이수를 조건으로 기소를 유예하거나, 침해행위가 우발적인 경우 1회에 한하여 조사 없이 각하하는 제도를 운영하고 있다.

정리 학생들의 형사 처벌 - 너무 걱정 마세요.(민사 책임의 가능성은 잔존)
 - 형사미성년자 : 14세 미만이라면 형사 책임은 지지 않는다(단, 12세부터 소년법 적용 가능).
 - 고소 남발로 인한 청소년 저작권 침해 사범이 양산되는 것을 방지하기 위하여 '교육 조건부 기소유예 제도', '청소년 저작권 침해 고소 각하제도' 운영.
 - 저작권 교육조건부 기소유예 : 문화체육관광부에서 주관하는 저작권 교육 이수를 조건으로 기소를 유예하는 제도.
 - 청소년 저작권 침해 고소 각하제도 : 저작권법 위반 전력 없는 소년(만 19세 미만)으로서 그 침해행위가 우발적인 경우 1회에 한하여 조사 없이 각하 가능.

도움말

오래전의 잘못은 더 이상 묻지 않아요.

Q 교사가 되기 전에 저작권에 대해 잘 알지 못하고 저작물을 복사하여 나눠 준 경험이 있는데… 불안해서 살 수가 없다. 몇십 년이 지나도 권리자가 저작권 침해에 대하여 책임을 물을 수 있나?

X 권리자는 '일정 시간이 지나면' 민형사상 구제를 받을 수 없다. 7년이 지나면 공소시효가 만료되어 형사 처벌은 받지 않는다. 10년이 지났다면 손해배상청구권도 소멸된다.
- 민사 : 불법행위가 있었던 날로부터 10년, 손해 및 가해자를 안 날로부터 3년 이내에 행사하지 않으면 손해배상청구권 소멸.
- 형사 : 공소시효 - 5년 이하의 징역에 해당하는 범죄는 7년, 3년 이하인 경우 5년, 구류·과료·몰수에 해당하는 범죄는 1년.

 나도 전문가   **행정적 구제**

문화체육관광부장관이나 지자체 장이 관여하는 저작권 보호 수단도 존재한다. 예컨대 불법복제물의 수거·폐기 및 삭제(제133조), 계정 정지 명령(제133조의2) 등이 그것이다. 관세법 제235조에는 이른바 세관 조치의 근거도 마련하고 있다.

다) 대체적 분쟁해결수단 : 조정

'최선의 재판보다 최악의 조정이 낫다.'는 말이 있다. 재판은 비용도 많이 들 뿐만 아니라, 누군가는 패자가 되어야 한다. 특히 우리나라는 아직 법정에 대한 문턱이 높고 소송에 대한 부담감도 크다. 이럴 때 고려할 수 있는 제도가 '조정'이다.

조정제도란 전문가들로 구성된 조정부가 저작권 분쟁 당사자의 합의를 유도함으로써 분쟁 당사자가 분쟁에서 신속하게 벗어날 수 있도록 지원하는 제도로, 한국저작권위원회는 저작권법 제113조 제1호, 제114조 내지 제118조에 근거하여 조정제도를 운영하고 있다. 조정 성립시 법원 확정 판결과 동일한 법적 효력이 생긴다. 재판에 비해 매우 신속하게 진행되며 신청비용은 1만 원~10만 원에 불과하다. 내방 또는 우편, 온라인 중 편한 방법으로 신청할 수 있다.

- 오프라인 신청(내방 또는 우편)

    [우 : 04323] 서울시 용산구 후암로 107, 5층 한국저작권위원회 조정감정팀

- 온라인 신청

    https://www.copyright.or.kr/kcc/adr/application/application-guide/index.do

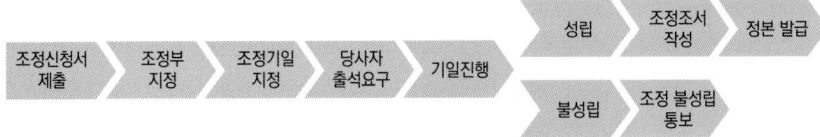

조정 절차(www.copyright.or.kr)

저작권, 교육 현장의 필수 지식 **학교 교육과 저작권**

제2장
학교에서의 저작물 이용 실무

가. 이용자를 위한 체크 리스트
나. 마음대로 써도 되는 콘텐츠가 있어요
다. "몇 가지 조건을 충족하면" 허락 없이 쓸 수 있는 경우가 있어요
라. 허락을 받으면, 이용할 수 있어요

학교에서의 저작물 이용 실무

제2장에서는 교사가 학교에서 다양한 저작물을 '활용'할 수 있는 방법을 모색해 보고자 한다. 제1장에서 살펴본 저작권 개요도 이용자의 시각에서 보면, 자유이용의 길이 보인다.

구분	창작자의 시각	이용자의 시각
보호받는 저작물 [제1장 나. 1)]	인간의 사상 또는 감정을 표현한 창작물	저작물이 아니라면 자유이용 저작물이더라도 다음은 자유이용 가능 – 보호받지 못하는 저작물(제7조) – 보호 기간 만료 저작물
창작한 자(저작자) [제1장 나. 2)]	창작과 동시에 권리 발생(무방식주의) – 저작자 cf. 업무상저작물	
권리 부여와 제한 [제1장 나. 3)]	저작인격권 저작재산권	열거된 권리(저작인격권 3개, 저작재산권 7개) 외에 자유 이용 저작재산권의 제한(제23조~제35조의3) 요건 충족 시 자유이용
이용허락과 양도 [제1장 나. 4)]	이용허락-배타적발행권-양도 (권리 포기, 기증)	법정허락 – 절차 통해 저작권자 허락 없이 이용 가능
침해 구제 [제1장 나. 5)]	민사 – 침해정지, 손해배상청구권 형사	의거 + 실질적 유사성 공소시효, 친고죄 교육조건부 기소유예, 각하

※ 창작자와 이용자 모두를 위한 법 : 저작권법

가. 이용자를 위한 체크 리스트

본 장은 학교에서 저작물을 많이 이용할 수 있는 방법을 찾아보려는 목적을 가지고 있다. 다음 세 가지 경우 중 하나에만 해당돼도, 학교에서는 저작물을 합법적으로 이용할 수 있게 된다.

저작권법은 이용자를 위한(특히 학교 교육을 위한) 다양한 조문을 마련해두고 있다. 다음과 같은 순서로 이용 여부를 확인해 보자.

✅ 마음대로 써도 되는 콘텐츠가 있어요   🔍 제2장 나. p.43 참조

- "저작물"이 아닌 경우
- 보호 기간이 경과한 저작물
- 제7조에 의한 법률, 판례 등

✅ **"몇 가지 조건을 충족하면"** 허락 없이 쓸 수 있는 경우가 있어요   🔍 제2장 다. p.59 참조

- 저작재산권 제한 사유(제23조~제35조의3)
- 주요 내용
  제25조/제32조
  교육을 위한 저작재산권의 제한
  제28조, 제35조의3/제29조 제30조
  인용, 공정이용 일반조항/비영리 공연, 사적복제 등 일반적 저작권 제한 사유

✅ **이용허락을 받는다면,** 라이선스 범위 안에서 이용할 수 있어요   🔍 제2장 라. p.122 참조

- 권리자에게 허락을 받고 이용(신탁관리단체에 문의)
  ㉮, ㉯에 해당하지 않는다면 허락을 받고 이용(이용허락, 양도)
  이용허락을 받을 때, 라이선스 범위 · 조건 준수
  CCL, KOGL : 미리 허락의 의사를 밝힌 경우, 바로 이용 가능

- 법정허락(제50조)
  권리자를 찾을 수 없어 허락을 받지 못하는 경우,
  문화체육관광부장관의 승인 후 이용

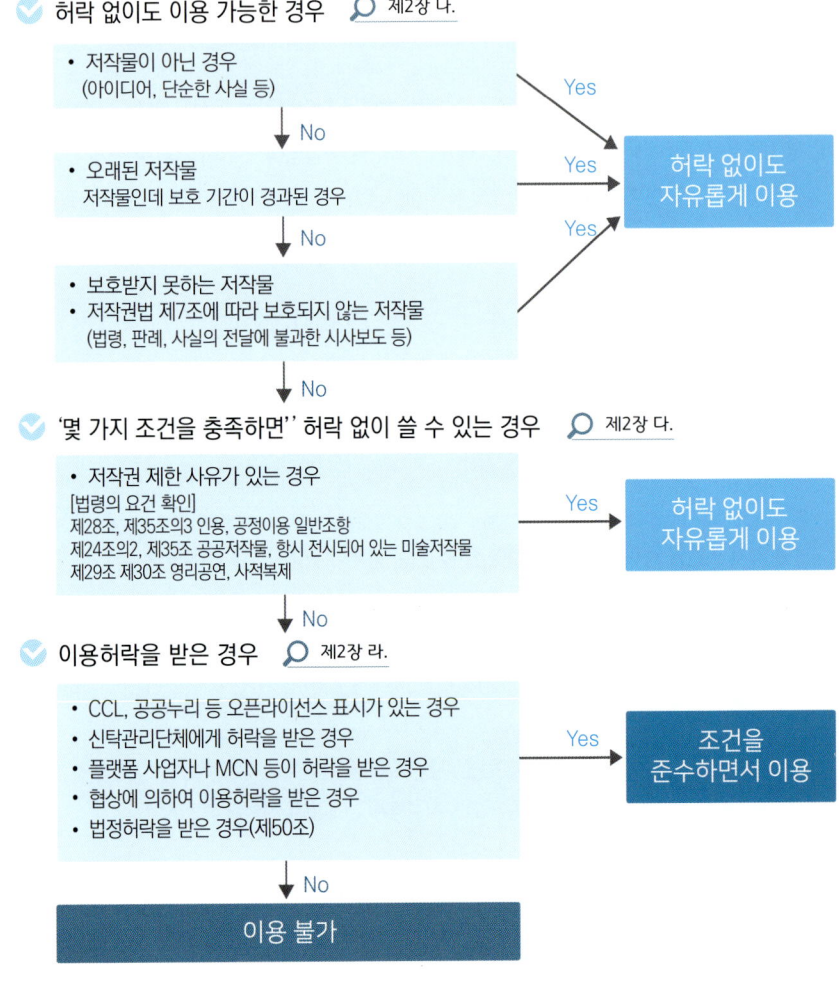

나. 마음대로 써도 되는 콘텐츠가 있어요

**저작물이 아니거나,
저작물이더라도 보호 기간이 경과한 저작물은 자유롭게 이용할 수 있다.
또한 법률이나 판례 등은 널리 알려야 하기 때문에, 저작권 보호를 배제하고 있다.**

다만 저작권 침해가 되지 않는다고 윤리적·도덕적 문제까지 없는 것은 아니라는 점은 주의해야 한다. 예컨대 다른 사람의 아이디어를 베껴서 자신의 생각으로 표현한다면, 저작권 침해는 아니더라도 표절에 해당할 수 있다.

> **도움말**
> 최근 연구윤리 문제가 자주 거론되고 있다. 저작권 침해가 아니라고 하여 모든 문제가 없는 것은 아니다.

학습 내용

- 저작물이 아닌 경우
  - Ⓐ '사람'의 Ⓑ '사상 또는 감정'을 Ⓒ 표현한 Ⓓ 창작물 중 요건을 충족하지 못한 경우
  - 저작물이 아닌 사례 : 육하원칙에 따른 신문 기사, 전화번호 등 정보

- 보호 기간이 경과한 저작물
- 보호되지 않는 저작물(법 제7조)
- 주의 사항 - 표절과 저작권 침해

1) 저작물이 아닌 경우 - 저작물 요건 충족 X

저작권법상 '저작물' 요건을 충족하는 경우에만 보호를 받는다[제1장 나. 1) 참조]. 전술한 바와 같이 저작권법에서는 ⓐ '사람'의 ⓑ '사상 또는 감정'을 ⓒ 표현한 ⓓ 창작물을 "저작물"로 정의한다. 이들 요건을 모두 충족하는 경우가 아니라면, 이용자는 저작권 부담 없이 이용할 수 있는 것이다.

> **저작권법**
> 제2조(정의) 이 법에서 사용하는 용어의 뜻은 다음과 같다.
> 1. "저작물"은 인간의 사상 또는 감정을 표현한 창작물을 말한다.

ⓐ '사람' - 동물이 그린 그림 등 사람이 주체가 아니라면 저작권법이 보호하는 저작물이 아니다. 최근 넥스트 렘브란트 등 인공지능(AI)에 의한 창작이 많아지면서 저작권법에 의한 보호를 할 것인지 논란이 되고 있다. 전적으로 AI가 창작한 작품이라면 현행법상 저작물로 보기 어렵다.

ⓑ '사상 또는 감정' - 사상 또는 감정과 관계가 없는 단순한 '사실'은 저작물이 아니다. 예컨대 열차 시각표, 요금표, 메뉴판 등은 사람의 사상, 감정이 표현되어 있지 않으므로, 저작권법에 의해 보호되지 않는다.
학교에서 가르치는 '지식' 중 사상 또는 감정과 관계가 없는 '사실(Fact)'들은 저작권 부담 없이 이용할 수 있다.

ⓒ 표현 - 표현되지 않은 'IDEA'는 저작물이 아니다. 즉 저작권법은 아이디어를 보호하지 않는다. 아이디어를 베끼는 것이 '표절'은 될 수 있을지언정, 저작권 침해는 아니다. 예컨대 교수 학습 방법이나 암기 방법 등은 아이디어 영역에 해당하여 저작권법의 보호를 받지 못하는 경우가 많다.

ⓓ 창작물 - 시간과 노력이 투여되었더라도, 창작성이 없으면 저작물로 보호되지 않는다.
누가 하더라도 비슷할 수밖에 없는 경우에는 창작성이 부정되며, 자유이용이 가능하다.

예컨대 어제 일어난 일을 단순히 육하원칙에 따라 기록한 것이라면 사상, 감정의 표현이라고 보기 어렵다. 전화번호나 정보도 마찬가지이다. 저작물이 아닌 사례를 몇 가지 살펴보면 다음과 같다.

 **나도 전문가** | 저작권법에서 말하는 아이디어란?

저작권법에서는 표현만 보호하고 아이디어는 보호하지 않는다. 이를 '아이디어·표현 이분법(idea expression dichotomy)'이라고 한다.[21] 이때 '아이디어'란 사전적 의미의 아이디어와는 다소 차이가 있다.

예컨대 어떠한 아이디어에 대한 표현방법이 매우 제한돼 있다면 표현도 보호하지 않는다. 표현의 보호는 곧 아이디어의 보호에까지 미치므로 이 경우 보호 대상에서 제외하는 것인데, 이를 '아이디어·표현 합체이론(merger of idea expression theory)'이라고 한다. 아이디어·표현 합체이론은 비록 창작적인 표현이라 하더라도 그 아이디어를 달리 효과적으로 표현할 방법이 없는 경우에는 저작권의 보호 대상이 아니라는 '합체의 원칙(merger doctrine)', 저작자의 창작 당시에는 표현방법이 다수 있었으나, 시간이 흐른 이후 그 표현방법이 업계의 사실상의 표준이 돼 버린 경우에는 그 표현에 저작권적 보호가 주어져서는 아니된다는 '사실상의 표준(de facto standards)', 아이디어를 표현함에 있어 필수적인 표현이나 전형적인 표현은 저작권법 보호 대상이 아니라는 '필수장면의 원칙(Scènes à faire doctrine)'으로 세부화할 수 있다.[22] 이들은 사전적 의미에서는 표현이라고 할 수 있겠지만, 저작권법에서는 아이디어 영역에 해당하여 보호하지 않는다.

가) 육하원칙에 따른 신문 기사

Q 취재한 사실을 육하원칙에 따라 정리한 기사는 저작물이 아닌가?

O 단순한 사실은 저작물성 요건을 충족하지 못하므로, 저작물이 아니다.

단순한 사실은 취재에 비용이 들었더라도 저작권법의 보호를 받지 못한다. 사건 사고, 인사 발령이나 부고 등이 대표적이다.(다만 신문 기사라도 기획 기사 등 작성자의 사상, 감정이 표현되고 창작성이 있다면 저작권법에 의해 보호되는 것은 당연하다.)

법원은 동아닷컴의 홈페이지에 게시된 기사를 무단으로 복사해 자사 홈페이지에 전재한 H사에 대하여 문제가 된 170여 건의 기사 중 152건에 대해 저작권 침해를 인정한 바 있다.

---

21) 나아가 표현에는 해당하지만 표현방법이 제한적이라서 아이디어까지 보호하는 결과가 되는 경우에도 보호 대상에서 제외한다. 이는 '아이디어·표현 합체이론'이라고 한다.
22) 김경환·조민희(2013), [ICT법 바로알기] 게임콘텐츠의 표절 판단기준(下), 디지털데일리 2013. 9. 23. http://www.ddaily.co.kr/news/article.html?no=108977

신문 기사도 작성자의 개성이 드러나 있다면 저작물
[서울서부지방법원 2007. 11. 29. 선고 2007나334 판결]

해당 기사들은 객관적 사실의 나열에 그치지 않고 일정한 기준에 의해 간추린 소재를 내용으로 독자의 이해를 돕기 위해 선택한 구성 및 배열 방식, 어투, 어휘 등을 사용해 표현돼 있거나 작성자의 평가, 예상, 전망 등이 반영돼 창조적 개성이 드러나 있어 저작권법의 보호 대상이 된다.

나) 전화번호, 관광 정보 등 단순한 사실

시간과 노력이 투여된 결과물이더라도 저작물이 아니라면 저작권 부담을 가질 필요가 없다. 미국 Feist 사건에서 전화번호를 수집하여 단순히 ABC 순으로 정리한 '전화번호부'는 무단 복제하더라도 저작권 침해는 아니라고 하였다. 전화번호를 수집하는데 많은 비용이 소요되었지만, 사실에 불과하여 저작물성이 없으므로 저작권법의 보호 대상은 아니라는 것이다.

우리나라 법원에서도 여행 책자 중 여행지의 역사, 관련 교통 및 위치 정보, 운영시간, 전화번호 및 주소, 입장료, 쇼핑, 식당 및 숙박 정보 등 객관적 사실은 저작권법의 보호를 받을 수 없다고 판시한 바 있다.

'여행천하 유럽' 책자 사건 - 저작물성 부정
[대법원 2011. 2. 10. 선고 2009도291 판결]

여행책자 중 여행지의 역사, 관련 교통 및 위치 정보, 운영시간, 전화번호 및 주소, 입장료, 쇼핑, 식당 및 숙박 정보 등에 관한 부분은 객관적 사실이나 정보를 별다른 특색 없이 일반적인 표현 형식에 따라 있는 그대로 기술한 것에 지나지 않아 창작성을 인정할 수 없다.

다) 개성이 드러나지 않은 사진·지도 등

Q 영인본(影印本)은 이를 촬영한 사람에게 저작권이 있을까?

X 박물관에 가면, 훼손을 방지하기 위해 원본을 사진으로 찍어서 전시하고 있다. 영인본이나 원화 촬영 등은 있는 그대로 촬영하는 것으로 개성이 드러나지 않는다. 따라서 저작물성이 없다. 영인본 촬영된 유물, 사진 등은 자유롭게 이용해도 저작권 침해가 되지 않는다.

창작성이 없다면 저작물이 될 수 없다. 작성자의 개성이 드러나지 않은 평범한 관광지도를 무단 이용한 '전국도로관광지도 사건'에서도 법원은 지도의 창작성을 인정할 수 없다며 저작권 침해를 부정한 사례가 있다. 저작자의 지도책들에 있는 표현방식과 그 표현된 내용의 취사 선택이 이전에 국내 및 일본에서 발행되었던 지도책들이 채택하였던 표현방식과 그 표현된 내용의 취사선택에 있어 동일·유사하거나 국내외에서 보편적으로 통용되는 기호의 형태를 약간 변형시킨 것에 불과하여 창작성을 인정할 수 없다고 한 것이다[대법원 2011. 2. 10. 선고 2009도291, 대법원 2003. 10. 9. 선고 2001다50586].

사진 중에서도 촬영자의 개성이 드러나지 않고, '누가 하더라도 비슷할 수밖에 없다면'[23] 창작성이 인정되지 않는다. 예컨대 '정확하고 명확한 정보를 전달한다는 실용적 목적을 위하여 촬영된' 경우 저작물이라고 보기 어렵다.

법원은 정확하고 명확한 정보를 전달하기 위해 촬영한 '수술 장면 및 환자의 환부 모습과 치료 경과 사진'은 저작물성이 없다고 하였다. 마찬가지로 모발이식수술을 받은 수술의 전후 모습 비교 사진에 대해서도 촬영자의 개성이나 창조성을 가미하고 있다고 볼 수 없다며 저작물성을 부정하였다.

환자의 환부 사진 - 저작물성 부정
[대법원 2010. 12. 23. 선고 2008다44542 판결]

고주파 수술기를 이용한 수술 장면 및 환자의 환부 모습과 치료 경과 등을 충실하게 표현하여 정확하고 명확한 정보를 전달한다는 실용적 목적을 위하여 촬영된 것임을 알 수 있으므로, 이러한 사진들이 구 저작권법상의 사진저작물로서 보호될 정도로 촬영자의 개성과 창조성이 인정되는 저작물에 해당한다고 보기는 어렵다.

---

[23] # 판례 - 경마 예상지 사건 : 경마 예상지에 나타난 경기 진행 상황과 예상 결과를 담은 컴퓨터 추리 전개도의 표현방식, 그 마필들의 습성과 능력, 입상 유력 사유를 설명하는 방식 등은 오랫동안 사용되어 오던 방식이거나 전형적인 표현방식으로 누가 하더라도 그렇게밖에 할 수 없는 것이어서 창작성을 인정할 수 없다.

> **모발이식 전후 사진 - 저작물성 부정**
> **[서울중앙지법 2007. 6. 21. 선고 2007가합16095 판결(확정)]**
>
> 사진들은 모두 원고가 모발치료를 담당하였던 환자들을 피사체로 선정하여 그들이 원고로부터 모발이식수술을 받은 수술의 전후 모습을 대비함으로써 모발치료의 효과를 나타내고자 하는 목적에서 촬영한 것이고, 위 사진들의 구체적인 촬영방법인 카메라의 각도나 빛의 방향과 양의 조절, 촬영 시점의 포착 등에 있어서 <u>원고의 개성이나 창조성이 있다고 보기 어렵고</u>, 촬영 후의 현상과 인화의 과정에서 배경, 구도, 조명, 빛의 양 등에 <u>원고의 개성이나 창조성을 가미하고 있다고 볼 수도 없으므로</u> 원고의 위와 같은 사진들은 사진저작물로 보기 어렵다.

하지만 대부분의 사진, 이미지의 경우 창작성을 인정하는 것이 법원의 입장이다. 저작물이 되기 위하여 높은 경제적 가치나 예술성을 요구하는 것은 아니며, 법원이 제시하는 창작성의 기준도 매우 낮기 때문이다. "저작물로서 보호를 받기 위해서 필요한 창작성이란 완전한 의미의 독창성을 말하는 것은 아니며 단지 어떠한 작품이 남의 것을 단순히 모방한 것이 아니고 작자 자신의 독자적인 사상 또는 감정의 표현을 담고 있음을 의미"한다고 판시하였다[대법원 2005. 1. 27. 선고 2002도965 판결]. 학생이 촬영한 사진도 저작물성이 인정될 가능성이 높다.

> **사진 촬영자의 개성이 인정된다면 저작물**
> **[대법원 2001. 5. 8. 선고 98다43366 판결]**
>
> 사진저작물은 피사체의 선정, 구도의 설정, 빛의 방향과 양의 조절, 카메라 각도의 설정, 셔터의 속도, 촬영기회의 포착, 기타 촬영방법, 현상과 인화 등의 과정에서 <u>촬영자의 개성과 창조성이 인정되는 경우</u>에는 저작권법에 의하여 보호되는 저작물에 해당된다.

법원에서 창작성을 부정한 몇 안 되는 사례 중에 대표적인 판례로 '광고용 햄 사진' 사건이 있다. 햄 제품을 단순히 흰 상자 속에 넣고 촬영한 사진에 대해 이례적으로 저작물성을 부정하였고, 따라서 무단 이용을 하더라도 저작권 침해가 아니라고 판시한 것이다.

'광고용 햄 사진' 사건
[대법원 2001. 5. 8. 선고 98다43366 판결]

피사체인 제품 자체만을 충실하게 표현하여 광고라는 실용적인 목적을 달성하기 위한 것으로서 그와 같은 목적에 부응하기 위하여 그 분야의 고도의 기술을 가지고 있는 원고의 사진기술을 이용한 것에 불과하며 원고의 창작적 노력 내지 개성을 인정하기 어렵다.

제품 자체를 충실하게 표현한 일반적인 광고 사진의 예

 저작물성 여부에 대한 판단은 보는 사람에 따라 이견이 있을 수 있다. 최종적으로 법원의 판단에 따르나, 법원에서도 한국저작권위원회에 감정을 의뢰하는 등 그 판단이 용이치 않은 경우가 있다. 교육 현장에서 판단이 쉽지 않은 경우에는 전문가에게 문의하는 것도 바람직하다(한국저작권위원회 저작권 상담센터 : 1800-5455).

2) 보호 기간이 경과한 저작물

Q 고흐의 그림을 마음대로 복제하면 저작권 침해인가?
아래 그림은 빈센트 반고흐(1853~1890)가 생레미 정신병원에 입원했을 당시, 자신이 보았던 아름다운 밤하늘을 신비롭게 그린 "The Starry Night"란 그림이다. 이를 에코백에 인쇄하여 판매하고 싶다. 저작권 침해가 되는가?

X 마음껏 사용해도 된다. 보호 기간이 경과한 저작물이기 때문이다.
저작물은 일정한 기간 동안만 보호를 받으며, 보호 기간이 경과된 저작물은 누구나 자유롭게 이용할 수 있다.

Vincent van Gogh, "The Starry Night", 1853~1890년.

오래된 저작물은 셰익스피어의 햄릿을 비롯한 주옥같은 작품들, 베토벤·모차르트의 악보 등은 마음껏 복제하여 학교에 비치해도 되고 학생들에게 나눠줘도 된다. 심지어 유상으로 판매하여도 저작권법상 문제가 없다.

18세기 한양지도나 전통 민화나 르네상스 시대의 벽화 이미지 등은 해당 저작물의 작가에게 허락을 받을 필요가 없다. 고려청자가 미술작품이라고 하더라도, 이 역시 보호 기간이 한참 지난 저작물이므로 자유롭게 촬영하여 학생들에게 나눠주거나(복제·배포), 학교 복도에 걸어두고 (전시) 또한 인터넷에 올려도(공중송신) 문제 되지 않는다.

저작권법

제3관 저작재산권의 보호 기간

제39조(보호 기간의 원칙) ① 저작재산권은 이 관에 특별한 규정이 있는 경우를 제외하고는 저작자가 생존하는 동안과 사망한 후 70년간 존속한다. 〈개정 2011. 6. 30.〉
② 공동저작물의 저작재산권은 맨 마지막에 사망한 저작자가 사망한 후 70년간 존속한다. 〈개정 2011. 6. 30.〉

제40조(무명 또는 이명저작물의 보호 기간) ① 무명 또는 널리 알려지지 아니한 이명이 표시된 저작물의 저작재산권은 공표된 때부터 70년간 존속한다. 다만, 이 기간 내에 저작자가 사망한지 70년이 지났다고 인정할만한 정당한 사유가 발생한 경우에는 그 저작재산권은 저작자가 사망한 후 70년이 지났다고 인정되는 때에 소멸한 것으로 본다. 〈개정 2011. 6. 30.〉
② 다음 각 호의 어느 하나에 해당하는 경우에는 제1항의 규정은 이를 적용하지 아니한다.
  1. 제1항의 기간 이내에 저작자의 실명 또는 널리 알려진 이명이 밝혀진 경우
  2. 제1항의 기간 이내에 제53조 제1항의 규정에 따른 저작자의 실명등록이 있는 경우

제41조(업무상저작물의 보호 기간) 업무상저작물의 저작재산권은 공표한 때부터 70년간 존속한다. 다만, 창작한 때부터 50년 이내에 공표되지 아니한 경우에는 창작한 때부터 70년간 존속한다. 〈개정 2011. 6. 30.〉

제42조(영상저작물의 보호 기간) 영상저작물의 저작재산권은 제39조 및 제40조에도 불구하고 공표한 때부터 70년간 존속한다. 다만, 창작한 때부터 50년 이내에 공표되지 아니한 경우에는 창작한 때부터 70년간 존속한다. 〈개정 2011. 6. 30.〉
[제목개정 2011. 6. 30.]

제43조(계속적간행물 등의 공표시기) ① 제40조 제1항 또는 제41조에 따른 공표시기는 책·호 또는 회 등으로 공표하는 저작물의 경우에는 매책·매호 또는 매회 등의 공표 시로 하고, 일부분씩 순차적으로 공표하여 완성하는 저작물의 경우에는 최종부분의 공표 시로 한다. 〈개정 2011. 6. 30.〉

② 일부분씩 순차적으로 공표하여 전부를 완성하는 저작물의 계속되어야 할 부분이 최근의 공표시기부터 3년이 경과되어도 공표되지 아니하는 경우에는 이미 공표된 맨 뒤의 부분을 제1항의 규정에 따른 최종부분으로 본다.

제44조(보호 기간의 기산) 이 관에 규정된 저작재산권의 보호 기간을 계산하는 경우에는 저작자가 사망하거나 저작물을 창작 또는 공표한 다음 해부터 기산한다.

[저작재산권의 보호 기간]
- 원칙 : 저작자 생존기간 및 사후 70년
- 무명 또는 이명저작물 : 공표된 때로부터 70년
- 업무상저작물 : 공표한 때로부터 70년
- 영상저작물 : 공표한 때로부터 70년
- 공동저작물 : 맨 마지막으로 사망한 저작자의 사망 후 70년
- 보호 기간의 기산 : 보호 기간은 저작자가 사망하거나 저작물을 공표한 해의 다음 해 1월 1일부터 계산함

Q 문화재를 촬영한 사진을 교육 교재에 복사하는 것은, 문화재가 만들어진 지가 이미 수백 년이 지났으므로 저작권 문제가 없다고 알고 있다. 맞는가?

X 문화재와는 별도로, 사진을 촬영한 자의 저작권이 문제 될 소지가 있다.
다만 보호 기간이 경과한 저작물을 '촬영한 사진'은 촬영한 사람의 저작물이 될 수 있어 주의가 필요하다. 예컨대 벽화 사진, 오래된 건축물에 대한 사진 등은 촬영한 사람의 저작권 문제가 발생할 수 있다. 판례의 경향을 보면 입체적인 문화재를 촬영한 사진이나 다른 것들과 세팅을 하여 촬영하는 사진은 저작권법의 보호를 받을 수 있다. 이 경우 문화재에 대한 저작권과는 별도로, 사진작가의 저작권에 대하여 허락을 받아야 한다.[24]

유사한 사례로 음악저작물의 보호 기간은 경과하였지만, 이를 최근에 연주하여 녹음하였다면 연주자의 실연권은 보호 기간이 경과하지 않았다.

---

24) https://www.mcst.go.kr/web/s_policy/copyright/question/question11.jsp

 **나도 전문가**

보호 기간의 산정 : 사후 70년

보호 기간 경과 여부를 판단하는 것은 생각보다 쉽지 않다. 흔히 보호 기간은 사후 70년이라고 알려져 있지만, 보호 기간 관련 조항이 수차례 개정되었기 때문에 창작 또는 사망 시점에 따라 보호 기간이 다르다.

일반적으로 개인이 창작자인 저작물은 저작자의 생존기간 동안 및 그의 <u>사망 후 70년</u>(2013년 7월 1일부터)간 보호된다. 그전에는 사후 50년이었다. 예컨대 매년 연말이 되면 새로이 공유 영역으로 풀리는 저작물들이 나오게 되는데, 우리나라는 2033년까지 보호 기간 만료 저작물이 추가되지 않는다. 2013년 7월 1일 시행 저작권법에서 보호 기간이 사후 50년에서 사후 70년으로 연장되었기 때문에 1962년 사망 작가는 2012년에 보호 기간이 만료된 반면, 1963년 사망 작가는 20년이 연장되어 2013년이 아닌 2033년이 되어서야 보호 기간이 만료된다.

'사망 후 70년' 기준이 적용되지 않는 저작물도 있다. 개인이 창작자인 저작물이더라도 창작자의 본명을 쓰지 않고 예명 등을 표시하여 공표하는 이명(異名)저작물이나 아무런 이름도 표시하지 않고 공표하는 무명(無名)저작물은 '사후 70년'의 개념을 적용하기 어려우므로, <u>공표한 때로부터 70년간만 보호된다</u>. 개인이 창작자가 아니라 법인·단체·기관 등(이하 '법인 등'이라 한다)이 창작자가 되는 단체명의저작물 역시 공표한 때로부터 70년간 보호된다. 또한, 영상저작물은 창작자가 개인인지 법인 등인지를 불문하고 공표한 때로부터 70년간 보호된다.

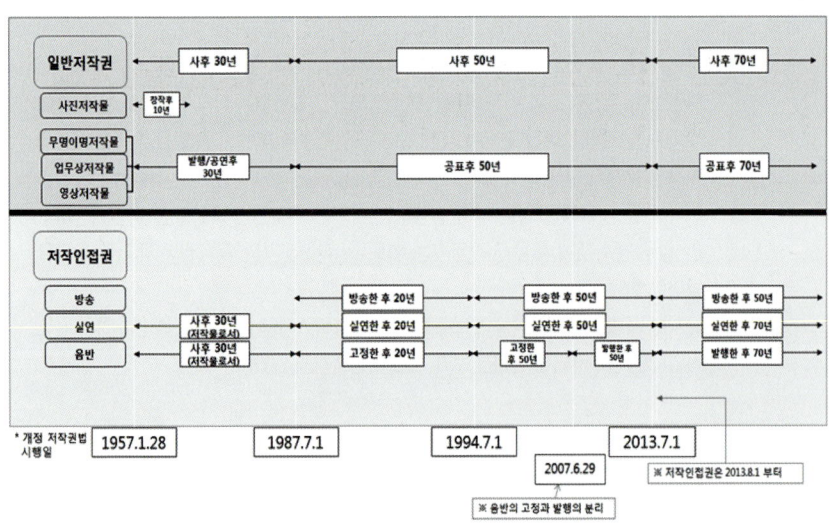

> **도움말**

공유마당 사이트를 활용해보자

저작권 보호 기간은 흔히 '사후 70년'까지로 소개되고 있지만, 보호 기간 만료 여부를 판단하는 것은 생각처럼 간단하지는 않다. ㉠ 보호 기간이 사후 30년, 50년, 70년으로 바뀌어 왔고, ㉡ 예명 등을 표시하였거나 이름을 적지 않은 경우, 법인·단체·기관 등이 창작자이거나 영상저작물인 경우 등은 사망의 의미를 자연인처럼 다룰 수 없기 때문에 70년 산정 시점이 다르며, ㉢ 무엇보다도 작가가 언제 사망했는지 알기가 쉽지 않다. 이에 문화체육관광부와 한국저작권위원회에서는 보호 기간이 만료되어 자유롭게 이용할 수 있는 저작물을 소개하는 사이트(공유마당(gongu.copyright.or.kr))를 운영하고 있다.

공유마당에서는 작가의 사망 시기를 조사하여 기록해두고 있는바, 1962년 이전에 사망한 작가의 저작물은 보호 기간이 만료되어 자유이용이 가능함을 보여주고 있다. 미술가, 사진가, 문학가, 음악가 등으로 구분되어 있으며 작가 이름을 클릭하면 저작자 상세정보와 저작물도 검색해 준다.

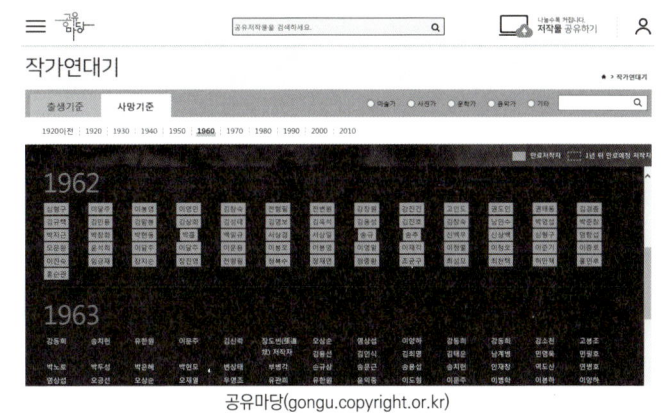

공유마당(gongu.copyright.or.kr)

저작권 이야기

"해피 버스데이 투 유" 노래는 보호 기간이 끝났을까?

'해피 버스데이 투 유'는 창작된 지 100년이 지나도록 사랑받는 저작물이다. 영화에 사용될 때 지급하는 저작권료만 연간 수십억에 이를 정도로 여전히 생명력을 가진 노래이다. 이 노래는 1893년 밀드레드 힐과 패티 스미스 힐 자매가 만들었다. 학교 선생님이었던 이들은 '굿모닝 투 올'이란 노래로 만들었는데, 나중에 멜로디를 그대로 사용하면서 '해피 버스데이 투 유'가 된다. 1988년 워너채플이 2,500만 달러에 인수하였고 이후 방송, 영화 등을 중심으로 연간 200만 달러 이상 저작권료를 징수하였는데, 이는 사용료 총액으로는 비틀즈의 '예스터데이', 빙 크로스비의 캐롤 '화이트 크리스마스'보다도 더 많이 벌어들인 노래로 기록되어 있다.

그런데 2013년 제니퍼 넬슨 감독과 프로덕션이 이미 지불한 1,500달러의 저작권료를 반환해달라고 워너뮤직을 상대로 소송을 제기했다. 보호 기간이 끝났는데 저작권료를 받았으니 이를 돌려달라는 것이었다. 넬슨이 제기한 소송에서 미국 캘리포니아주 중부지역 법원이 '해피 버스데이 투 유' 저작권이 무효란 판결을 하였고, 워너채플은 이미 받은 저작권료를 반환해주고 더 이상 권리 행사를 하지 않기로 하는 합의안을 제시하였다.

우리나라를 기준으로 보면, 작곡자인 패티 스미스 힐이 사망한 건 1946년이므로, 우리나라에서는 이미 저작권 보호 기간이 만료되었다. 하지만 미국에 수출하는 영화는 미국 저작권법에 따라 사용료를 지급했는데 2009년 영화 '7급 공무원'에 이 노래를 부르는 장면이 있어 저작권료를 납부한 사례가 있었다.

이처럼 보호 기간의 만료 여부를 확인하는 것은 생각처럼 간단하지 않은 경우가 많으므로, 주의가 필요하다.

보호 기간 만료 여부에 대한 이견으로 소송까지 벌어졌던 '해피 버스데이 투 유'

3) 보호되지 않는 저작물

판결문이나 법조문은 작성자의 저작물이라고 할 수 있지만, 저작권법으로 보호하지 않는다. 따라서 복제, 전송 등 자유롭게 이용할 수 있다. 한국저작권위원회 홈페이지에도 저작권법뿐만 아니라 다양한 법령 자료를 업로드해두고 있는데, 이 과정에서 별도의 허락을 받지는 않았다. 법령을 출력하여 나눠주거나 심지어 판매하는 것도 모두 가능하다.

헌법, 법률, 조약, 명령 등은 보호받지 못하는 저작물이다.

> **저작권법**
>
> 제7조(보호받지 못하는 저작물) 다음 각 호의 어느 하나에 해당하는 것은 이 법에 의한 보호를 받지 못한다.
> 1. 헌법 · 법률 · 조약 · 명령 · 조례 및 규칙
> 2. 국가 또는 지방자치단체의 고시·공고 · 훈령 그 밖에 이와 유사한 것
> 3. 법원의 판결 · 결정 · 명령 및 심판이나 행정심판절차 그 밖에 이와 유사한 절차에 의한 의결 · 결정 등
> 4. 국가 또는 지방자치단체가 작성한 것으로서 제1호 내지 제3호에 규정된 것의 편집물 또는 번역물
> 5. 사실의 전달에 불과한 시사보도

 서점에 가니 수험용 판례집이 있다. 판례는 저작권 보호를 받지 못하는 저작물이라고 알고 있다. 책 전체를 복제하여 판매하거나 스캔하여 인터넷에 올려도 괜찮은가?

X 판례 자체는 복제하여 판매하여도 괜찮으나, 수험용 판례집은 편저자의 저작권이 문제될 수 있다. 즉 수많은 판례 중에서 시험에 나올만한 것을 선택하고 배열하는 과정에 사상, 감정이 표현되어 저작권법의 보호를 받을 수 있다. 이를 편집저작물이라고 한다.

> **저작권법**
>
> 제2조(정의) 18. "편집저작물"은 편집물로서 그 소재의 선택·배열 또는 구성에 창작성이 있는 것을 말한다.

4) 주의 사항 – 표절과 저작권 침해의 구분

Q 아이디어는 저작권법에 의해 보호되지 않는다고 들었다. 그럼 아이디어는 베끼는 것을 장려해야 되는 것인가? 학생들에게 저작물성이 없다면 마음껏 베끼라고 가르치면 되는지 궁금하다.

X 아이디어를 베끼는 것이 저작권 침해가 되지는 않더라도, 민법이나 부정경쟁방지법 등 타법의 위반이 될 가능성까지 없는 것은 아니며, 연구윤리에도 문제가 된다. 즉 도덕·윤리적으로도 문제가 없는 것은 아니다.

베토벤의 비창을 복제하여 판매하는 것은 저작권 문제가 없다. 보호 기간이 만료된 저작물이기 때문이다. 하지만 이를 자신이 작곡했다며 음악 과제로 제출하는 것은 문제가 있다. 교육기관에서는 "저작권 침해가 아니므로 '마음껏' 사용해도 된다."는 표현이 자칫 오해를 가져올 수 있다는 점에서 주의가 필요하다.

즉 전술한 '마음대로 써도 되는 콘텐츠'라는 것을 오해하여, 고생 끝에 도출한 실험데이터나 아이디어를 자유롭게 도용하도록 '장려'하는 것으로 이해되어서는 안 된다. 저작권 침해는 아니더라도 도덕 윤리적으로 비난의 소지가 있는 경우가 많다. 특히 학교에서는 '표절'에 대해 유념할 필요가 있다. 즉 '표절'과 저작권 침해는 다른 개념이며, 저작권 침해가 아니더라도 표절이 되는 경우가 있다.

 토론해 봅시다

 아이디어는 베껴도 되나?

저작권 교육과 표절 교육의 병행 방법, 학생 발표, 과제 제출 등에 있어 표절의 기준 등에 대해 토론해 보자.

저작물이 아니라면, 이를 그대로 베끼더라도 저작권 침해는 아니다. 하지만 저작권 침해가 아니라더라도 교육적으로 적절치 않은 경우가 있다. 예컨대 아이디어는 저작물이 아니므로 마음껏 베끼라고 얘기할 수 있을까? 이는 '표절'에 해당할 것이다. 저작권 제도가 없던 그리스·로마 시대에도 표절 행위를 비열한 것이라고 비난했다.

학생들에게 저작권 침해에 대한 교육과 더불어 표절에 대한 교육이 필요한 것은 물론이다.

교육부의 연구윤리 확보를 위한 지침에서는 표절을 '일반적 지식이 아닌 타인의 독창적인 아이디어 또는 창작물을 적절한 출처 표시 없이 활용함으로써, 제3자에게 자신의 창작물인 것처럼 인식하게 하는 행위'라고 정의하고 있다. 동지침에 보면, 표절뿐만 아니라 위조나 변조도 연구부정행위의 하나로 예시하고 있다. 보고서를 작성하면서 다른 사람의 결과물을 통째로 베낀다면, 설령 단순한 사실이라고 하더라도 문제없다고 말하긴 어려울 것이다. 구체적 사안별로 어디까지를 허용할 수 있을지 교육계의 논의가 필요하다.

> 연구윤리 확보를 위한 지침[시행 2018. 7. 17.]
> [교육부훈령 제263호, 2018. 7. 17., 일부개정.]
> 제12조(연구부정행위의 범위) ① 연구부정행위는 연구개발 과제의 제안, 수행, 결과 보고 및 발표 등에서 이루어진 다음 각 호를 말한다.
>   1. "위조"는 존재하지 않는 연구 원자료 또는 연구자료, 연구결과 등을 허위로 만들거나 기록 또는 보고하는 행위
>   2. "변조"는 연구 재료·장비·과정 등을 인위적으로 조작하거나 연구 원자료 또는 연구자료를 임의로 변형·삭제함으로써 연구 내용 또는 결과를 왜곡하는 행위
>   3. "표절"은 다음 각 목과 같이 일반적 지식이 아닌 타인의 독창적인 아이디어 또는 창작물을 적절한 출처 표시 없이 활용함으로써, 제3자에게 자신의 창작물인 것처럼 인식하게 하는 행위
>   가. 타인의 연구내용 전부 또는 일부를 출처를 표시하지 않고 그대로 활용하는 경우
>   나. 타인의 저작물의 단어·문장구조를 일부 변형하여 사용하면서 출처 표시를 하지 않는 경우
>   다. 타인의 독창적인 생각 등을 활용하면서 출처를 표시하지 않은 경우
>   라. 타인의 저작물을 번역하여 활용하면서 출처를 표시하지 않은 경우
>   4. "부당한 저자 표시"는 다음 각 목과 같이 연구내용 또는 결과에 대하여 공헌 또는 기여를 한 사람에게 정당한 이유 없이 저자 자격을 부여하지 않거나, 공헌 또는 기여를 하지 않은 사람에게 감사의 표시 또는 예우 등을 이유로 저자 자격을 부여하는 행위
>   가. 연구내용 또는 결과에 대한 공헌 또는 기여가 없음에도 저자 자격을 부여하는 경우
>   나. 연구내용 또는 결과에 대한 공헌 또는 기여가 있음에도 저자 자격을 부여하지 않는 경우

다. 지도학생의 학위논문을 학술지 등에 지도교수의 단독 명의로 게재·발표하는 경우
5. "부당한 중복게재"는 연구자가 자신의 이전 연구결과와 동일 또는 실질적으로 유사한 저작물을 출처 표시 없이 게재한 후, 연구비를 수령하거나 별도의 연구업적으로 인정받는 경우 등 부당한 이익을 얻는 행위
6. "연구부정행위에 대한 조사 방해 행위"는 본인 또는 타인의 부정행위에 대한 조사를 고의로 방해하거나 제보자에게 위해를 가하는 행위
7. 그 밖에 각 학문분야에서 통상적으로 용인되는 범위를 심각하게 벗어나는 행위

저작권 이야기

표절과 저작권 침해의 혼동

언론기사에서는 표절과 저작권 침해를 혼용하는 경우가 많다. 예컨대 박진영씨가 작곡한 드라마 '드림하이'의 주제곡 '섬데이'에 대한 저작권 침해 소송에서, 법원은 저작권 침해라고 볼 수 없다는 판단을 하였는데, '표절 혐의를 벗었다'는 기사가 나온 바 있다. 소설가 신경숙씨의 대표작 엄마를 부탁해와 수필가 오길순 씨와의 저작권 침해 소송에 있어서도 "표절 혐의에 휘말린 소설가 신경숙씨에 대해 법원은 표절이 아니라고 판단했다."는 기사가 나온 바 있다. 법원은 저작권 침해가 아니라고 판단했는데, 이를 표절 혐의를 벗은 것으로 이해한 것이다.

하지만 양자는 전혀 다른 개념이다. 표절(plagiarism)은 다른 사람의 노작을 자신의 작품처럼 발표하는 것을 의미한다. 예컨대 아이디어를 베끼거나, 다른 학생이 조사한 단순한 사실·실험데이터를 자신이 한 것처럼 과제로 제출하는 것은 저작권 침해는 아니지만, 표절에는 해당한다. 저작권 보호 기간이 경과된 저작물을 자신의 것이라고 발표하는 것도 표절에는 해당할 수 있다.

표절과 저작권 침해의 혼동

다. "몇 가지 조건을 충족하면" 허락 없이 쓸 수 있는 경우가 있어요

저작권법에서 이용자를 위한 배려 중에, 몇 가지 요건을 충족하는 경우 저작권자의 허락 없이도 저작물을 이용할 수 있도록 한 경우들이 있다. 제23조~제35조의3의 '저작재산권의 제한'이 그 예이다.[25]

예컨대 저작권자에게 공연권이 주어졌지만, 영리를 목적으로 하지 않으며 어떤 명목으로든지 반대급부를 받지 아니하는 경우 허락 없이도 공연할 수 있다(제29조). 저작권자에게 복제권이 주어졌지만, 개인적 목적의 비영리로 행하는 소위 사적복제의 경우 허락 없이도 복제할 수 있다(제30조).

제23조부터 제35조의3까지 17개의 저작재산권 사유 중, 교육 현장에서는 제25조가 가장 중요하게 활용될 것이며 시험 문제와 관련해서 제32조에 대한 이해가 필요하다.[26] 또한 제28조(제35조의3)·제29조·제30조 3개의 조문은 학교뿐만 아니라 일상생활 속에서 가장 많이 활용되는 조문이므로 학교에서도 요긴하게 활용할 수 있다.

이하에서는 이들 6개 조문을 중심으로, '허락 없이 이용할 수 있는 경우'와 이용 시 주의 사항들을 살펴본다.

학습 내용

- 교육을 위한 저작권법의 배려
  - 제25조, 제32조
- 알수록 도움이 되는 저작재산권 제한
  - 제28조(제35조의3)·제29조·제30조
- 저작물 이용 시 주의 사항
  - 저작인격권   - 출처명시 의무
  - 프로그램에 관한 특례

---

25) 제1장에서 그림의 소유권을 가지고 있다면 전시권 허락을 받을 필요 없이 전시할 수 있다는 것을 살펴본 바 있다(제35조).
26) 우리나라 저작권법은 공교육에 대하여 관대한 입장이다. 공교육과 저작권의 관계에 대해서는 최진원(2012), "공교육활성화를 위한 입법론적 연구 - 저작권법을 중심으로", 문화미디어엔터테인먼트 제6권 제1호 참조.

1) 교육을 위한 저작권법의 배려

저작재산권 제한 조항의 요건을 충족한다면, 별도로 허락을 받을 필요 없이 저작물 이용이 가능하다. 저작권법에서는 교육을 위한 배려를 아끼지 않고 있는데, 학교 현장에서는 교과용 도서와 수업(지원)목적 저작물 이용에 대해 규정한 제25조가 가장 크게 도움이 될 것으로 보인다.

> **저작권법**
>
> 제25조는 크게 교과용 도서에 저작물을 게재하는 것과 수업(지원)목적으로 저작물을 이용하는 것을 언급하고 있다.
> ① 학교의 교육목적상 필요한 '교과용 도서'에는 공표된 저작물을 게재할 수 있다(법 제25조 제1항).
> ② 학교 등 '교육기관'에서는 수업목적으로 공표된 저작물의 일부분을 복제·배포·공연·전시 또는 공중송신할 수 있다.
> ③ 교육청과 같이 수업을 지원하기 위한 '교육지원기관'에서도 지원 목적상 필요하다고 인정되는 경우에는 공표된 저작물의 일부분을 복제·배포·공연·전시 또는 공중송신할 수 있다.
> 시험 문제 출제 시 지문으로 시나 소설, 악보 등 저작물을 이용할 때에는 제32조가 도움이 된다.
> ④ 입학 시험이나 중간·기말고사 등을 위하여 필요한 경우에는 그 목적을 위하여 정당한 범위 안에서 공표된 저작물을 복제할 수 있다.

가) 교과용 도서를 위한 배려(제25조 제1항)

Q ○○○ 작가는 자신의 소설이 A 출판사 국어 교과서에 게재된 사실을 뒤늦게 알게 되었다. 허락은커녕 통지도 없이 저작물을 가져다 쓴 출판사에게 크게 화를 내며 당장 삭제할 것을 요구하였다. 출판사는 허락 없이도 ○○○ 작가의 소설을 교과서에 게재할 수 있을까?

○ 저작권법에서는 '교과용 도서'에 공표된 저작물을 허락 없이도 '게재'할 수 있도록 하고 있다. 단지 문화체육관광부장관이 고시한 기준에 따라 소정의 보상금만 받을 수 있을 뿐이다.[27]
(보상금 납부 및 분배 등은 한국복제전송저작권협회(korra.kr, 02)2608-2800) 참조.)

저작권에 대한 인식 제고와 더불어 교과용 도서의 개념과 역할이 변화하면서, 교과용 도서에 저작물이 게재되는 것에 대하여 불만을 제기하는 작가들이 늘어나고 있다. 하지만 제25조 제1항의 요건에 해당하는 경우 '교과용 도서'에 '게재'되는 것을 막기는 쉽지 않다. 심지어 저작권자가 명시적으로 반대하는 경우조차도, '교과용 도서, 공표된 저작물' 등 일정 요건을 충족하면 게재가 허용된다.

---

27) 저작권법에는 음악이나 동영상 등의 게재에 있어 저작인접권 제한 근거도 이미 마련되어 있다 (제87조 제1항).

> **저작권법**
>
> 제25조(학교교육 목적 등에의 이용) ① 고등학교 및 이에 준하는 학교 이하의 학교의 교육목적상 필요한 교과용 도서에는 공표된 저작물을 게재할 수 있다.

(1) 교과용 도서에

Q 교과용 도서와 동일한 구조인 시판용 참고서에도 허락 없이 저작물 게재가 가능한가?

X 교과용 도서에 게재된 글이나 그림을 참고서나 문제집에 재게재하는 경우에는, 허락을 받아야 한다. 법원은 표준전과를 저작권법 제25조 제1항의 교과용 도서로 볼 수 없다고 하였다.

'교과용 도서'의 개념은 저작권법에 정의되어 있지 않다. 법원에서는 '교과용 도서에 관한 규정'에 따른 교과서와 지도서가 여기에 해당한다고 해석한 판례가 나온 바 있다. 문화체육관광부 가이드라인에서는 「초·중등교육법」 제29조 및 「교과용 도서에 관한 규정」에 따른 교과용 도서와 「유아교육법」 제13조 제3항에 따라 교육부장관이 개발하여 보급하는 유치원 교육과정 운영을 위한 프로그램 및 교재를 동 조항에 따른 '교과용 도서'로 보고 있다. 「교과용 도서 다양화 및 자유발행제 추진 계획」의 후속 조치로 2019년 12월 30일 국무회의에서 「교과용 도서에 관한 규정」 개정안이 심의·의결되는 등 변화하는 교과서 정책 속에서도 이와 같은 입장이 유지될 수 있는지에 대해서는 이견이 있을 수 있다.

> **저작권법**
>
> 교과용 도서의 범위[28]
> 저작권법 제25조 제1항의 규정에 따른 교과용 도서는 다음에 해당되는 것을 말한다.
> 1) 「초·중등교육법」 제29조 및 「교과용 도서에 관한 규정」에 따른 교과용 도서가 해당되며 교과서와 지도서가 있음
>   - 국정도서, 검정도서 및 인정도서
>   (단, 일반서적으로 발간된 후 채택된 인정도서가 시중판매 되는 경우는 제외)
>   - 멀티미디어 학습자료와 학습지원기능 등을 부가하여 제작한 디지털교과서
> 2) 「유아교육법」 제13조 제3항에 따라 교육부장관이 개발하여 보급하는 유치원 교육과정 운영을 위한 프로그램 및 교재

---

28) 문화체육관광부 가이드라인(2015), 4면.

교사가 교육에 활용하기 위해 직접 제작한 자료는 여기에 해당하지 않는다.[29] 시중에서 판매되고 있는 학습참고서 등을 교과용 도서로 보지 않는다.[30]

○○전과는 교과용 도서가 아니다. - '표준전과' 사건
[서울민사지법 1992. 6. 5. 선고 91가합39509 판결]

"교과용 도서라 함은 교과서, 지도서, 인정도서를 말하고, 교과서는 학교에서 교육을 위하여 사용되는 학생용의 주된 교재로서 교육부가 저작권을 가진 도서와 교육부장관의 검정을 받은 도서로 구분되고, 지도서는 학교에서 교육을 위하여 사용되는 교사용의 주된 교재를 말하며, 교육부가 저작권을 가진 도서와 교육부장관의 검정을 받은 도서로 구분되고, 인정도서라 함은 교과서 또는 지도서에 갈음하거나 이를 보충하기 위하여 교육부장관이 승인을 얻은 도서를 말하는데, 위 표준전과가 교육부가 저작권을 가지거나 교육부장관의 검정 또는 승인을 받은 도서라고 인정할 만한 증거가 없고, 참고서는 교과용 도서에 해당되지 아니 한다."

문제집은 교과용 도서가 아니다. - '비상교육' 사건
[서울남부지방법원 2014. 6. 12. 선고 2013가합5771 판결(확정)]

피고들은 이 사건 각 문제집이 위 조항에서 말하는 교과용 도서이므로... 저작권을 침해한 것이 아니라고 항변하나, 위 조항에서 말하는 교과용 도서는 대통령령인 '교과용 도서에 관한 규정'에서 정하고 있는 교과서와 지도서를 일컫는 것으로...

토론해 봅시다

'교과용 도서'의 범위

저작권법상 저작물 게재를 허용하는 '교과용 도서'의 범위는 어디까지로 보는 것이 적절할까?

과거 법원은 저작권법 제25조의 교과용 도서의 해석에 '교과용 도서에 관한 규정'을 참고한 바 있다. 하지만 지금의 교과용 도서에 관한 규정은 당시와는 크게 달라졌다. 다른 나라에서는

---

29) 임원선(2009), 실무자를 위한 저작권법, 212면.
30) 학교, 기타 교육기관 등에서 교육 목적으로 사용되는 교과용 도서에 포함되지 않으므로 저작권법 제25조 제1항의 적용대상이 아니다.

교과용 도서라는 이유로 저작권을 제한하는 사례도 많지 않다. 우리나라와 비슷한 제도를 가진 일본에서는 국·검정 도서에 대해 저작권 제한을 하고 있다.

우리나라는 인정교과서의 비중이 크게 높아졌고, 지금은 교과서 자율발행제까지 논의되고 있는 시점이다. 교과용 도서와 시중 참고서의 구분이 모호해질 수도 있다. 저작권자의 허락 없이 마음대로 저작물을 게재할 수 있는 '교과용 도서'의 범위를 과거와 같이 '교과용 도서에 관한 규정'에 의존할 수 있을지 미래 지향적 재고가 필요하다.[31]

> 교과용 도서에 관한 규정[시행 2018. 1. 1.] [대통령령 제28471호, 2017. 12. 12., 타법개정]
> 제2조(정의) 이 영에서 사용하는 용어의 정의는 다음과 같다. 〈개정 2008. 2. 29., 2013. 3. 23.〉
> 1. "교과용 도서"라 함은 교과서 및 지도서를 말한다.
> 2. "교과서"라 함은 학교에서 학생들의 교육을 위하여 사용되는 학생용의 서책·음반·영상 및 전자저작물 등을 말한다.
> 3. "지도서"라 함은 학교에서 학생들의 교육을 위하여 사용되는 교사용의 서책·음반·영상 및 전자저작물 등을 말한다.

(2) 게재

(가) 허락 없이 게재 가능

교과용 도서에는 공표된 저작물을 게재할 수 있다. 분량에 관하여 특별한 제한은 명시되어 있지 않으나, '교육목적상 필요한 범위' 내에서 게재해야 할 것이다. 이 경우 저작권자의 동의는 요구하지 않으며, 심지어 통지할 필요도 없다. 저작권자 본인도 모르는 사이에 자신의 저작물이 교과용 도서에 게재되어 배포될 수 있는 것이다.

저작권자를 모르거나 심지어 게재를 반대하는 경우에도 '교과용 도서'에 저작물을 게재할 수 있다. 나아가 번역, 편곡, 개작하여 게재하는 것도 가능하다.[32] '게재'의 의미는 복제 및 배포로 보고 있다.

---

31) 디지털교과서가 논의되면서 저작권법 제25조의 재검토 필요성이 제기된 바도 있다. 교과용 도서의 저작권 문제에 대해서는 최진원(2010), "디지털교과서 도입에 대한 법률적 문제 - 저작권법을 중심으로", 정보법학 제14권 제1호, 211면 이하 참조.
32) 제36조(번역 등에 의한 이용) ① 제24조의2, 제25조, 제29조, 제30조 또는 제35조의3에 따라 저작물을 이용하는 경우에는 그 저작물을 번역·편곡 또는 개작하여 이용할 수 있다.

> **저작권법**
>
> 2020 개정 저작권법
> 제25조(학교교육 목적 등에의 이용) ② 교과용 도서를 발행한 자는 교과용 도서를 본래의 목적으로 이용하기 위하여 필요한 한도 내에서 제1항에 따라 교과용 도서에 게재한 저작물을 복제·배포·공중송신할 수 있다.

전술한 '교과용 도서를 위한 배려'는 교과용 도서에 게재하는 것을 허용하는 것이지, '교과용 도서'를 자유롭게 이용할 수 있다는 의미는 아니다[33])[EBS 교과서 진도 특강 사례 참조].

심화 학습

교과용 도서에 저작물을 게재하는 경우, 저작권뿐만 아니라 저작인접권도 제한된다. 예컨대 음원이나 영상저작물을 이용하는 경우 가수, 연주자, 배우 등에게도 허락받을 필요가 없다.

제87조(저작인접권의 제한) ① 저작인접권의 목적이 된 실연·음반 또는 방송의 이용에 관하여는 제23조, 제24조, 제25조 제1항부터 제3항까지, 제26조부터 제32조까지, 제33조 제2항, 제34조, 제35조의2, 제35조의3, 제36조 및 제37조를 준용한다.

Q 교과서에 수록된 저작물을 참고서에 수록하고자 한다. 교육을 위한 것이므로 저작권자의 허락 없이도 이용할 수 있는가?

X 제25조 제1항은 교과용 도서 집필 시 제3자의 저작물을 이용할 수 있는 근거이지, 교과서에 수록되었다고 하여 참고서 등 다른 곳에서도 게재할 수 있다는 의미는 아니다. 교과서 자체의 저작권을 제한하는 조항이 아니다. 참고서나 문제집을 집필하는 과정에서 교과서에 수록된 저작물을 이용하려면, 저작권자에게 허락을 받아야 한다.

　(나) 보상금의 지급

　교과용 도서에 게재된 저작물에 대해서는 문화체육관광부장관이 고시하는 바에 따라 소정의 보상금을 지급한다. 저작권자에게는 허락을 받을 필요가 없으므로 게재를 금지시킬 수는 없지만, 보상금에 대한 채권적 청구권은 주어지는 것이다.

　보상금액은 과거에 비하여 상당히 인상되었으나,[34] 시장 가격에는 미치지 못하며 일본 독일

---

33) 서울중앙지방법원 2005. 11. 9. 선고 2004노732 판결.
34) '17~'18년 1~2차 개정에 이어, 2021년까지 단계적 인상 추진 중이다('16년 대비 50%, 연 10%P).

등 다른 나라에 비하면 여전히 낮은 수준이라는 비판이 있다.

저작물별 보상 기준 및 보상금액(5천 부 또는 5천 명 기준) [교과용 도서의 저작물 이용 보상금 기준]
[시행 2020. 1. 1.] [문화체육관광부 고시 제2019-51호, 2019. 12. 10, 일부개정]

저작물별		보 상 기 준	보상금액(원)		비 고
			기준 1	기준 2	
어문 저작물	산문	200자 원고지 1매 분량	714	854	수필, 논설, 소설, 희곡, 설명문 및 이와 유사한 것
	운문	1/2편 이상 1편 이하	7,154	8,582	시, 시조, 향가 및 이와 유사한 것
		1/4편 이상 1/2편 미만	3,570	4,284	
		1/4편 미만	2,149	2,576	
음악저작물		1/2편 이상 1편 이하	4,606	5,530	작사, 작곡 별도 지급
		1/4편 이상 1/2편 미만	2,296	2,758	
		1/4편 미만	1,365	1,638	
미술·사진 저작물		1/2쪽 이상 1쪽 이하	7,028	8,435	
		1/4쪽 이상 1/2쪽 미만	3,507	4,207	
		1/4쪽 미만	2,086	2,506	

※ 5천 부(또는 5천 명) 이하는 5천 부로 하고 5천 부를 초과하는 경우에는 발행 부수에 비례함
※ 서책으로만 또는 전자저작물로만 교과용 도서를 발행할 경우 "기준 1"을, 서책형과 전자저작물을 동시 발행할 경우 "기준 2"를 적용

저작권 이야기

교과서에 수록되는 것을 원치 않는 작가

소설가 김영하 씨가 자신의 작품 '상상은 짬뽕이다'를 중학교 국어 교과서에 '무단 게재'한 OO출판사를 강하게 비판한 바 있다.

저작권법 제25조 제1항에 근거하여, 출판사는 '교과용 도서'에 공표된 소설을 게재할 때 저작권자의 허락을 받을 필요가 없다. OO출판사는 2010학년도 중학교 1학년 2학기 교과서에 김영하 씨의 소설, '상상은 짬뽕이다'의 일부를 게재하였다.

김영하 씨는 이 사실을 알게 된 후, 자신의 블로그에 "국가는 과연 개인의 저작물을 마음대로 '징발'하고 '편집', 혹은 '수정'하여 사용할 수 있는가" 하는 것과 "교과서를 편찬하는 영리 기업이 국가의 검정을 득한 교재를 출판한다는 이유만으로 저작권자의 동의 없이 저작물을 마음대로 갖다 사용할 수 있는가" 하는 의문, 이와 같은 경우 "자신의 저작물을 교과서에 제공하기를 거부하는 저작권자의 자유는 어떻게 보호받을 수 있는가" 등의 공개 질문을 게시하였다.

저작권, 교육 현장의 필수 지식 학교 교육과 저작권

사회

김영하 "제 작품 국어 교과서에 싣지 마십시오"
교과서 산문 수록 거부한 소설가 주장을 귀담아 들어야 하는 까닭

10.05.03 17:39 | 최종 업데이트 10.05.04 12:15 | 임정훈(ckatptkd1)

좋아요 13개 + 크게 - 작게 인쇄 URL줄이기 ☆스크랩   f 13

Ⓦ 좋은기사 원고료주기   👍 269   💬 댓글달기

소설가 김영하씨가 뿔이 났다. 자신의 작품을 무단으로(!) 교과서와 참고서 등에 수록(하려)한 출판사와 국가에 강하게 문제를 제기하고 나선 것이다.

김영하씨는 지난 달 27일과 29일 자신의 <u>트위터</u>와 <u>블로그</u>에 글을 올려 정부와 출판사의 '작품 도용'에 대한 자신의 생각을 밝혔다.(그러나 창비 측에서는 사전에 저작권자와 충분히 협의하지 못한 부분은 있지만 관련법에 따른 것이므로 무단·도용은 아니라는 입장을 전해왔다)

교과서에 자신의 작품이 실린 덕분에 '대박'을 맞은 작가들도 있다던데, 도대체 무슨 일일까.

▲ 김영하 씨가 수록 거부 의사를 밝힌 '창비'의 중학교 1학년 2학기 국어교과서. 지난해 7월 교과부의 검정을 통과했다.

김영하 작가 '상상은 짬뽕이다' 교과서 게재 관련 사건 - 오마이뉴스
http://www.ohmynews.com/NWS_Web/View/at_pg.aspx?CNTN_CD=A0001375108

 나도 전문가   교과용 도서에 대한 저작권법의 배려(해외 사례)

교과용 도서에 대한 각국의 입법 태도는 다양하다. 미국·프랑스 등은 교과용 도서에 저작물을 게재하는 것과 관련하여 저작권 제한에 관한 특별한 규정을 두고 있지 않다. 반면 독일·일본·스위스·이탈리아 등은 교과서 수록의 편의를 제공하는 명문의 규정을 두고 있다.

일반적으로 우리나라 저작권법은 다른 나라에 비하여 저작권자에게 많은 양보를 요청하고 있는 것으로 평가된다. 독일에서는 학교, 비영리 교육 및 재교육 시설 혹은 직업교육이거나 교회에서 사용되는 경우, 그 편집물의 복제, 배포 및 공중전달은 허용되지만, 교회용, 학교용 혹은 교육용이 유일한 용도이어야 하고,[35] 복제물의 표지 등에 이와 같은 목적이 명시되어야 한다. 음악저작물의 사용은 더욱 제한적이며 학설과 판례의 경향을 보면 A5 사이즈로 3장 이내 수준의 근소한 범위만 이용이 가능하다.

일본은 우리 저작권법과 상당히 유사한 규정을 가지고 있다. 교과용 도서는 '문부과학대신의 검정을 필한 것 또는 문부과학성이 저작명의를 가지는 것'인바, 인정도서에 대해서까지 저작권을 제한하는 우리나라가 일본보다 대상 범위가 넓다. 또한 자신의 저작물이 게재되었는지도 모르는 사례가 적지 않은 우리나라와 달리, 일본에서는 저작자에게 교과서 게재 이용의 취지를 통지해야 한다.

이처럼 독일이나 일본의 사례를 보면, 교과용 도서를 위하여 저작권을 제한하고 있기는 하나, 사전에 통지하여야 하는 등 저작자에 대한 존중을 간과하지 않는다. 또한 보상금의 수준도 우리보다는 상당히 높은 편이다.[36]

교과용 도서에의 저작물 게재와 저작권법

	우리나라	미국 · 프랑스 등	독일	일본
적용대상	교과용 도서	-	학교, 비영리교육연수시설, 직업교육시설의 수업용으로 사용되기 위한 편집물	교과용 도서(아동용 또는 학생용 도서로서 검정 또는 국정), 교과용 확대도서
이용형태	게재	-	복제, 배포, 공중전달	게재
권리행사	고시 보상금 (저작자에게 통지 X)	-	상당한 보상금 권한 행사의사 통지 송부 2주 경과 후 수록착수, 확신의 변경을 이유로 한 철회 가능	고시 보상금 게재 취지 통지

---

[35] 이상정 외(1998), 교과용 도서의 저작권보상금기준(안) 마련 및 효율적 관리 체제 구축 방안 연구, 한국교과서연구소.
[36] 최진원(2014), 교과용 도서보상금 지급기준 마련 연구, KORRA.

나) 수업목적 저작물 이용(제25조 제2항)

선생님은 수업시간 토론에 앞서, 읽기 자료로 신문 기사 일부분을 복사하여 나눠주었다. 신문사 등 저작권에 대한 허락을 구한 바는 없다. 문제가 되나?

X 문제가 없다. 수업목적으로 저작물을 복사(복제)하여 나눠주는 것(배포)은 허락 없이도 가능하다. 저작권법 제25조 제2항에서는 수업목적으로 필요하다고 인정되는 경우에는 공표된 저작물의 일부분을 복제 · 배포 · 공연 · 전시 또는 공중송신할 수 있도록 하고 있다.

수업 자료를 저작권자 허락 없이 인터넷으로 전송하는 것도 가능한가?

O 원격교육에 대비하여 2006년 저작권법 개정으로 '전송'도 가능하게 되었다. 다만 이 경우 수강생만 접근할 수 있도록 '접근제한', 우클릭 방지나 DRM 등 복제 방지, 수업목적으로만 사용하고 저작권법을 준수하라는 취지의 경고문구 표시를 잊지 말아야 한다(저작권법 제25조 제10항 참조). 요건을 준수한다면, 반드시 학교 홈페이지일 필요는 없고, 교사가 운영하는 카페나 블로그에 올리는 것도 가능하다.

중학교 3학년을 담당하는 선생님은 아이들에게 현대문학 소설 전체를 복사 · 제본하여 나눠주고 읽어보게 하였다. 수업목적으로 저작물을 복사해서 나눠주는 것은 괜찮다고 알고 있는데, 혹시 문제가 될 수 있나?

O '수업목적상 필요하다고 인정되는 경우', '일부분'만 이용해야 한다. 수업과 관계가 있다고 하여 책 전체를 제본하여 배포하는 것은 문제가 될 수 있다.

① 학교는 ② 수업목적상 ③ 필요하다고 인정되는 경우, ④ 공표된 저작물의 일부분을 ⑤ 복제 · 배포 · 공연 · 전시 또는 공중송신할 수 있다.

저작권자의 허락을 받을 필요 없이 이용할 수 있으며, 고등학교 및 이에 준하는 학교 이하의 학교는 보상금 의무마저도 면제되므로, 아무런 부담 없이 저작물 이용이 가능하다.(대학교의 경우 문화체육관광부장관이 정하여 고시하는 기준에 따른 수업목적보상금을 납부하고 있다.)

다만 학교 현장에서는 상기 요건 [예컨대 ② 수업목적상 ③ 필요하다고 인정되는 경우, ④ 공표된 저작물의 일부분]의 판단에서 어려움을 겪을 수 있다. 학부모 교육이나 방과 후 수업,

교사들의 수업 연구회 등이 수업목적상 필요한 경우인지 이견이 있었고,[37] 저작물의 일부분이라는 표현도 전부만 아니면 모두 허용되는 것인지 아니면 몇 %까지 복제해도 가능한 것인지 사람마다 생각이 다를 수 있기 때문이다. 문화체육관광부에서는 이해관계자의 의견을 수렴하여 관련 가이드라인을 마련하였는바 참고가 된다.

> **저작권법**
>
> 제25조(학교교육 목적 등에의 이용) ② 특별법에 따라 설립되었거나 「유아교육법」, 「초·중등교육법」 또는 「고등교육법」에 따른 학교, 국가나 지방자치단체가 운영하는 교육기관 및 이들 교육기관의 수업을 지원하기 위하여 국가나 지방자치단체에 소속된 교육지원기관은 그 수업 또는 지원 목적상 필요하다고 인정되는 경우에는 공표된 저작물의 일부분을 복제·배포·공연·전시 또는 공중송신할 수 있다. 다만, 저작물의 성질이나 그 이용의 목적 및 형태 등에 비추어 저작물의 전부를 이용하는 것이 부득이한 경우에는 전부를 이용할 수 있다.
> 〈개정 2009. 4. 22., 2013. 12. 30.〉

(1) 주체 : 학교 및 교육기관

어린이집도 수업목적으로 허락 없이 저작물 이용이 가능한가?

유아교육법에 따른 유치원은 포함되나 어린이집은 포함되지 않는다.

학교가 아닌, '국가공무원인재개발원'도 수업목적으로 허락 없이 저작물 이용이 가능한가?

국가나 지방자치단체가 운영하는 교육기관은 그 수업목적상 필요하다고 인정되는 경우에는 공표된 저작물의 일부분을 복제·배포·공연·전시 또는 공중송신할 수 있다.

---

[37] 심화 학습 - 문화체육관광부, 저작권법 제25조 제2항 수업목적에 대한 재질의(과학기술기반과, 2010. 8. 3.)에 대한 회신 참조. ① 방과 후 학습도 학교 교육과정에 따라 학교장의 지휘, 감독하에 교수 및 교사에 준하는 지위에 있는 사람에 의해 수행되는 것이라면 수업의 범위에 포함되는 것으로 볼 수 있다. ② 수업을 위해 관련 교사 간 자료를 공유하는 과정도 수업의 준비 과정으로 볼 수 있다. 다만 그 공유는 과목 교사들 간의 한정된 범위 안에서만 가능하다(이해완(2019), 675면).

"특별법에 따라 설립된 학교 또는 「유아교육법」, 「초·중등교육법」 또는 「고등교육법」에 따른 학교"/국가나 지방자치단체가 운영하는 교육기관에 해당해야 제25조 제2항의 적용을 받을 수 있다. 이때 '특별법에 따라 설립된 학교'는 초등학교·중학교 또는 고등학교 졸업과 동등한 학력이 인정되는 교육기관에 한정된다.

유아교육법에 따른 유치원과 달리 '어린이집'은 해당하지 않으며, 공익적 목적의 비영리 교육기관이라고 하더라도 상기 주체가 아니면 곤란하다. 또한 학원이나 교습소 등은 교육과정을 다루고 있더라도 적용되지 않는다.

저작권법에서는 각급 학교와 교육기관으로 규정되어 있지만, 저작물을 이용할 수 있는 주체에는 이곳에서 직접 교육 업무를 담당하는 '교원'도 포함되는 것으로 해석된다.[38]

학교 및 교육기관의 예시

학교 및 교육기관	해당하는 사례	해당하지 않는 사례
특별법에 따라 설립된 학력이 인정되는 학교	● 평생교육법에 의해 설치된 평생교육기관 (학력인정 일성여자중고등학교, 학력인정 남일초중고등학교 등) ● 직업교육훈련촉진법에 의해 설치된 직업훈련기관 (서울시 동부기술교육원, 서울시 중부기술교육원, 경기도 기술학교 등) ● 장애인 등에 대한 특수교육법에 의해 설치된 특수교육기관 (서울정진학교, 부산배화학교 등)	학력 인정이 되지 않는 교육기관
「유아교육법」, 「초·중등교육법」 또는 「고등교육법」에 따른 학교	유치원 초등학교·공민학교, 중학교·고등공민학교, 고등학교·고등기술학교, 특수학교 대학교	어린이집
국가나 지방자치단체가 운영하는 교육기관	국가공무원인재개발원, 지방공무원교육원 등 공무원 교육훈련기관	

---

38) 박성호(2017), 저작권법, 박영사, 542면.

교육목적 저작물 이용 가이드라인(문화체육관광부, 2016)

저작권법 제25조 제2항에 따른 학교 및 교육기관이란 다음과 같다.

가. 「유아교육법」에 따른 유치원

나. 「초·중등교육법」에 따른 학교
  - 초등학교·공민학교, 중학교·고등공민학교, 고등학교·고등기술학교, 특수학교 등

다. 특별법에 따라 설립된 학교(다만 초등학교·중학교 또는 고등학교 졸업과 동등한 학력이 인정되는 교육기관에 한정)
  - 평생교육법에 의해 설치된 평생교육기관
    (학력인정 일성여자중고등학교, 학력인정 남일초중고등학교 등)
  - 직업교육훈련촉진법에 의해 설치된 직업훈련기관
    (서울시 동부기술교육원, 서울시 중부기술교육원, 경기도 기술학교 등)
  - 장애인 등에 대한 특수교육법에 의해 설치된 특수교육기관
    (서울정진학교, 부산배화학교 등)
  - 기타 특별법에 따라 설립된 학교

라. 국가나 지방자치단체가 운영하는 교육기관
  - 국가공무원인재개발원, 지방공무원교육원 등 공무원교육훈련기관

2020 개정 저작권법

제25조(학교교육 목적 등에의 이용) ③ 다음 각 호의 어느 하나에 해당하는 교육기관이 수업 목적으로 이용하는 경우에는 공표된 저작물의 일부분을 복제·배포·공연·전시 또는 공중송신(이하 이 조에서 "복제 등"이라 한다)할 수 있다. 다만, 공표된 저작물의 성질이나 그 이용의 목적 및 형태 등에 비추어 해당 저작물의 전부를 복제 등을 하는 것이 부득이한 경우에는 전부 복제 등을 할 수 있다.

1. 특별법에 따라 설립된 학교
2. 「유아교육법」, 「초·중등교육법」 또는 「고등교육법」에 따른 학교
3. 국가나 지방자치단체가 운영하는 교육기관

(2) "수업"목적

학교에서 이루어지는 모든 활동은 교육목적으로 이루어진다. 교내 활동은 모두 수업목적이라고 볼 수 있는가?

X '수업'목적으로 저작물 이용이 가능하며, 이는 '교육'목적보다 좁은 의미로 해석된다. 교사 입장에서는 학교에서 이루어지는 거의 모든 활동이 교육목적으로 생각될 수 있겠지만, 이들이 모두 저작권법 제25조 제2항의 적용을 받는 것은 아니다. 예컨대 학부모 교육은 교육목적을 위한 활동이지만, 저작권법의 수업목적에는 포섭되지 않는다.

과거 저작권법에서는 '교육'목적으로 저작물을 이용할 수 있도록 되어 있었다. 그런데 교육을 '수업'목적으로 개정한 것인바, 이는 수업이 교육보다 좁은 의미라는 점을 강조하기 위한 것이다. 학교에서 이루어지는 거의 모든 활동은 교육목적이라고 할 수 있지만, 저작권법에서 저작재산권을 제한하는 '수업목적'은 이보다 제한적이다.

수업목적은 원칙적으로 ① '교육과정에서 이루어지는' 활동을 의미하며, 교과 과정뿐만 아니라 창의적 체험활동이 모두 포함된다. ② '동아리 활동'이나 '방과 후 스포츠 활동' 등도 학교 교육과정에 따라 학교장의 지휘·감독하에 이루어지는 교육활동이라면 이용허락 없이 저작물 이용이 가능하다.

여기에 ③ 문화체육관광부의 교육목적 저작물 이용 가이드라인에서는 '수업 자료를 시·도 교육청 등의 관리·감독하에 공유할 수 있다.'고 명시하고 있다. 교사들이 수업 자료 마련을 위하여 저작물을 이용하는 것은 당연한 것이나, 수업 자료를 교사들 간에 공유하는 것은 논란의 여지가 있다. 문화체육관광부 가이드라인에서도 저작물 이용 기간을 "교원이 수업을 준비하거나 진행하는 과정에 한정"한다고 하였는데, 수업이 끝난 이후에 이를 다른 교사와 공유하는 것은 이 기준에 부합하지 않는다. 이론적 정합성과는 별론으로 문화체육관광부 가이드라인에서는 '시·도 교육청 등의 관리·감독하에' 수업 자료 공유를 허용하고 있다.

교육목적 저작물 이용 가이드라인(문화체육관광부, 2016)
가. 유아교육법상의 교육과정 및 원장의 지휘·감독하에 이루어지는 방과 후 과정
나. 초중등교육법상의 교육과정(교과, 창의적 체험활동) 및 학교장의 지휘·감독하에 이루어지는 교육활동(보충수업, 학교 스포츠클럽 활동, 범교과 학습 활동, 계기 교육, 방학 중 프로그램 등)

> ※ 창의적 체험활동 : 자율 활동, 동아리 활동, 봉사 활동, 진로 활동 등
> ※ 수업은 교육과정에 의한 수업을 원칙으로 하나 학교장의 관리·감독하에 이루어지는 야간수업, 계절제 수업, 시간제 수업, 방송통신에 의한 수업 그리고 정보통신 매체 등을 활용한 온라인 수업을 포함한다.
> ※ 수업의 준비를 위해 필요한 경우 저작물의 일부가 사용된 수업 자료를 시·도 교육청 등의 관리·감독하에 공유할 수 있다.
>
> 다. 특별법에 따라 설립된 학교 및 교육기관의 교육과정에 따른 수업

반면 학생들이 자율적으로 수행하는 과외활동, 교사(校舍)의 건립이나 환경미화 같은 교육환경의 조성이나 개선을 위한 행위 등은 여기에 포함되지 않는다. 일본의 '저작권법 제35조 가이드라인 협의회'에서 작성, 공표한 "학교 그 밖의 교육기관에 있어서의 저작물의 복제에 관한 저작권법 제35조 가이드라인"에 따르면 ① 학교의 교육계획에 근거하지 않은 자주적인 활동으로서의 동아리, 동호회, 연구회 등, ② 수업과 관계없는 참고자료의 사용, ③ 학급통신·학교소식 등에의 게재, ④ 학교 홈페이지에의 게재 등은 수업에 해당하지 않는다고 정리하고 있다.[39]

수업목적의 해당 여부(예시)

수업목적에 포함되는 예시	포함되지 않을 가능성이 높은 예시
교육과정(교과, 창의적 체험활동) ※ 창의적 체험활동 : 자율 활동, 동아리 활동, 봉사 활동, 진로 활동 등	
학교장(원장)의 지휘·감독하에 이루어지는 교육활동(보충수업, 학교 스포츠클럽 활동, 범교과 학습 활동, 계기 교육, 방학 중 프로그램 등) ※ 수업은 교육과정에 의한 수업을 원칙으로 하나 학교장의 관리·감독하에 이루어지는 야간수업, 계절제 수업, 시간제 수업, 방송통신에 의한 수업 그리고 정보통신 매체 등을 활용한 온라인 수업을 포함한다.	① 학교의 교육계획에 근거하지 않은 자주적인 활동으로서의 동아리, 동호회, 연구회 등 ② 수업과 관계없는 참고자료의 사용 ③ 학급통신·학교소식 등에의 게재 ④ 학교 홈페이지에의 게재 등 ⑤ 교사(校舍)의 건립이나 환경미화 같은 교육환경의 조성이나 개선을 위한 행위
※ 수업의 준비를 위해 필요한 경우 저작물의 일부가 사용된 수업 자료를 시·도 교육청 등의 관리·감독하에 공유할 수 있다.	

---

39) 이해완(2019), 저작권법, 박영사, 676면.

(3) 공표된 저작물

영어 시간에 외국 소설 중 일부를 복제하고자 한다. "외국저작물"도 수업목적이라면 허락 없이 이용할 수 있나?

O 외국저작물도 이용할 수 있다.

공표되지 않은 '미공표' 저작물은 이 규정의 적용을 받을 수 없다. 하지만 미공표 저작물을 교사가 수업에 활용하는 사례는 극히 이례적인 일이므로 학교 현장에서 크게 신경 쓸 필요는 없다. 다만 아직 배포하지 않은 채 창고에 쌓아둔 경우 공표라고 볼 수 없으며[대법원 2018. 1. 24. 선고 2017도18230 판결], 시험 실시 직후 문제지를 수거한 경우 미공표 상태라고 한 판례가 있다는 점은 참고가 된다[서울고등법원 1995. 5. 4. 선고 93나47372 판결].

저작물은 공표된 저작물이기만 하면 문학, 음악, 미술저작물 등 그 종류를 불문한다. 외국인의 저작물도 수업목적상 필요한 이상 이용할 수 있다.

학생들에게 컴퓨터에 대하여 수업을 하고 있는데 OO워드와 그래픽프로그램 실습을 시켜보고 싶다. 프로그램을 복제하여 아이들에게 나눠줘도 제25조에 따라 허락을 받을 필요가 없나? (컴퓨터프로그램저작물)

X 컴퓨터프로그램은 수업목적이라고 하더라도 정품 구입이 필요하다. 컴퓨터프로그램에 대해서는 제25조가 적용되지 않는다.
제37조의2(적용 제외) 프로그램에 대하여는 제23조 · 제25조 · 제30조 및 제32조를 적용하지 아니한다.

다만 컴퓨터프로그램의 경우 법 제25조가 적용되지 않는다(제37조의2). 수업목적이라고 하더라도 아래아 한글이나 MS 오피스, 포토샵 등의 프로그램을 복제 · 배포 · 공연 · 전시 또는 공중송신할 수 있는 것은 아니다. 예컨대 수업시간에 '포토샵' 프로그램의 활용을 가르치기 위한 목적이라고 하더라도, 프로그램 자체를 복제하여 나눠주는 것은 곤란하다. '프로그램의 종류 · 용도, 프로그램에서 복제된 부분이 차지하는 비중 및 복제의 부수 등에 비추어 프로그램의 저작재산권자의 이익을 부당하게 해치는 경우에는 그러하지 아니하다.'고 되어 있기 때문이다.

대신 학교에서 프로그램을 '수업과정에 제공할 목적으로 복제 또는 배포'하는 것을 허용하고 있다(제101조의3 제1항 제2호). 이를 근거로 프로그램 화면을 캡처하여 보여주거나 출력하여 나눠주는 것 등은 허용되는 것으로 해석된다.

> **저작권법**
>
> 제37조의2(적용 제외) 프로그램에 대하여는 제23조·제25조·제30조 및 제32조를 적용하지 아니한다. [본조신설 2009. 4. 22.]
> 제101조의3(프로그램의 저작재산권의 제한) ① 다음 각 호의 어느 하나에 해당하는 경우에는 그 목적상 필요한 범위에서 공표된 프로그램을 복제 또는 배포할 수 있다. 다만, 프로그램의 종류·용도, 프로그램에서 복제된 부분이 차지하는 비중 및 복제의 부수 등에 비추어 프로그램의 저작재산권자의 이익을 부당하게 해치는 경우에는 그러하지 아니하다.
> 2. 「유아교육법」, 「초·중등교육법」, 「고등교육법」에 따른 학교 및 다른 법률에 따라 설립된 교육기관(상급학교 입학을 위한 학력이 인정되거나 학위를 수여하는 교육기관에 한한다)에서 교육을 담당하는 자가 수업과정에 제공할 목적으로 복제 또는 배포하는 경우

(4) 필요하다고 인정되는 경우, 일부분

교과서에 영화 '말아톤'을 보고 모둠 토의를 하는 내용이 있다. 집에서 영화를 보고 오라고 학생들에게 말아톤 영화 전체를 복제해주어도 될까?

✗ 수업목적이라고 하더라도 '일부분'만을 이용할 수 있는 것이 원칙이다.

고등학교 2학년 수학을 담당하고 있는 교사이다. 수험서로 출판된 고2 문제집을 견본으로 전달받았는데, 내용이 좋아 학생들에게 1/3 정도 복사해서 나눠주었다. 수업목적으로 나눠주었으니까 괜찮은가?

✗ 수험서로 출판된 고2 문제집을 고2 학생들에게 나눠주는 것은 일부분이라고 하더라도 적절하지 않다. 문화체육관광부 가이드라인에서는 시중에서 판매되고 있는 문제집, 참고서(워크북 등 포함)를 저작권자의 경제적 이익을 부당하게 침해하는 수준으로 복제하여 학생에게 제공하는 이용은 제25조 제2항의 수업목적 저작물 이용이라고 볼 수 없으며, 별도의 이용허락을 받으라고 안내하고 있다.

저작물 이용은 수업목적상 필요한 "최소한의 범위"에 그쳐야 한다.

이용 주체는 교육을 담당하는 교원과 수업을 받는 학생에 한정되어야 하며, 이용 기간은 수업의 준비(예습)-진행-복습을 위하여 필요한 기간으로 제한되어야 한다. 온라인 수업의 경우에도 해당 학기, 학년으로 접근 권한을 제한할 필요가 있다.

문화체육관광부 가이드라인

구 분	포함되지 않을 가능성이 높은 예시
이용 주체	• 교육을 담당하는 교원과 수업을 받는 학생에 한정(학부모, 일반인 등은 제외되나 일회적인 공개수업 등에서는 예외)
이용 기간	• 교원이 수업을 준비하거나 진행하는 과정에 한정 • 수업 전후, 예습과 복습을 위하여 필요한 기간 • 온라인 수업이나 사이버학습의 경우에는 해당 학기 또는 해당 학년

또한 수업에 필요한 '최소한의 분량'만 이용해야 한다. 저작권법에서도 원칙적으로 저작물의 '일부분'을 이용할 수 있다고 되어 있다.

학교 현장에서 구체적으로 어느 정도로 이용할 수 있는지 어려움을 호소한다. 2015년 문화체육관광부와 교육부가 참여한 '수업목적 저작물 이용 가이드라인 협의체'에서 어문저작물은 10% 이내, 음악저작물은 20% 이하 최대 5분 이내, 영상저작물은 20% 이하 최대 15분 이내를 수업목적 이용이라고 보자는 가이드라인을 제시한 바 있다.[40]

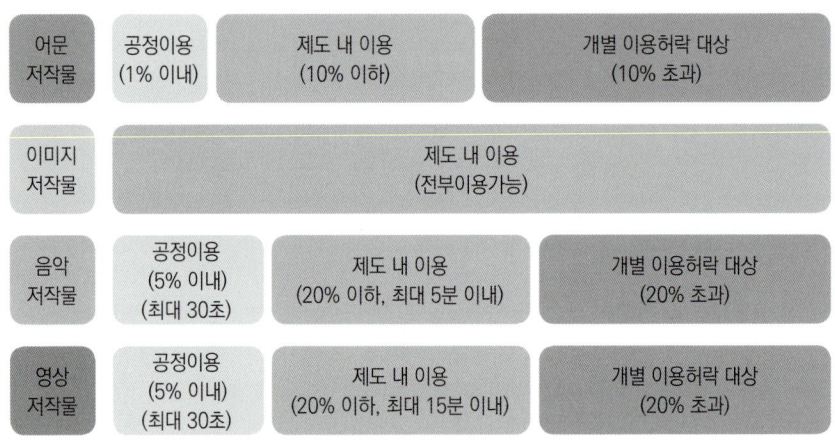

공정이용과 수업목적 저작물 이용, 개별이용허락 대상의 구분(수업목적 저작물 이용 가이드라인 협의체)

10%, 20%와 같은 숫자들은 이해관계자의 의견을 수렴하고 해외 사례를 참고하여 도출된 것이지만, 절대적인 기준이 될 수는 없다. 경우에 따라서는 전체 저작물의 이용이 불가피한 경우도 있을 수 있다. 저작권법에서도 '다만, 저작물의 성질이나 그 이용의 목적 및 형태 등에

---

40) 수업목적 저작물 이용 가이드라인(2015), 수업목적 저작물 이용 가이드라인 협의체, 5면 이하.

비추어 저작물의 전부를 이용하는 것이 부득이한 경우에는 전부를 이용할 수 있다.'고 되어 있다. 문화체육관광부 가이드라인에서도 "저작물의 성질이나 이용의 목적 및 형태 등 전부 이용이 불가피하거나 저작권자의 이익을 크게 침해하지 않는 경우에는 전부 이용이 가능"하다고 적었다. '저작권자의 이익을 부당하게 침해하지 않는 범위 내에서 이용'이라고 되어 있는데, 이에 따르면 누적되어 전체를 복제하게 되는 이용과 같이 '구매를 대체할 수 있는 이용'도 곤란하다. 사전에 예측 가능한 모든 경우를 문서화하기는 불가능하므로, 결국 사안별 판단이 필요할 수밖에 없다.[41]

문화체육관광부 가이드라인 '일부분 판단 기준'

구 분	이용 요건
일부분 판단 기준	• 저작권자의 이익을 부당하게 침해하지 않는 범위 내에서 이용, 단 저작물의 성질이나 이용의 목적 및 형태 등 전부 이용이 불가피하거나 저작권자의 이익을 크게 침해하지 않는 경우에는 전부 이용이 가능

교육 현장에서 어디까지 이용할 수 있는지 구체적 질문들을 많이 하는데, 문화체육관광부 가이드라인에서는 실무에 참고할 사례들을 제시하고 있다.

예컨대 학교에서 자주 접하는 문제 되는 사안으로 시중 문제집이나 참고서를 복제하여 나눠주는 경우나, 1년 동안 사용할 악보 등 교육 자료를 아예 제본하여 나눠주는 경우 등이 있다. 이들은 저작권자의 이익을 부당하게 해하는 수준으로 복제하여 제공된다면, 수업목적 저작물 이용에 해당할 수 없으며 별도의 이용허락이 필요하다.

동영상 중에도 교육기관에서의 상영을 목적으로 판매 또는 대여되는 영상물이라면 수요를 대체하기 때문에 문제가 될 수 있다. 교실이나 학교 벽면에 미술저작물을 게시하는 것과 같이, 필요한 기간을 넘어 이용하는 것도 정당한 이용으로 보기 어렵다.[42] 감상용 시장을 대체할 정도로 고화질로 인쇄하거나 제본까지 하여 시판용 책을 대체할 수 있다면 이 역시 문제가 된다. 매 학기 같은 자료를 반복적으로 복제하여 나눠주는 경우도 곤란하다. 저작권료를 지급하고 허락을 받아 이용해야 한다.

---

41) 가이드라인은 실무 판단에 있어 중요한 참고자료가 되며, 형사책임에 있어 '고의'를 조각할 수 있는 유력한 근거가 된다. 하지만 최종적인 사법 판단은 법원의 몫이라는 한계가 있다. 미국에서도 가이드라인의 목적은 교육목적 공정이용의 "최소한의 기준"을 정하는 것이라고 한다. 따라서 가이드라인의 내용은 확정적인 법적 효과는 없으며, 공정이용의 범위와 일치한다고 확인할 수도 없다.
42) 이해완(2015), 저작권법, 박영사, 581면.

일본의 '저작권법 제35조 가이드라인 협의회'에서 작성, 공표한 "학교 그 밖의 교육기관에 있어서의 저작물의 복제에 관한 저작권법 제35조 가이드라인"에 따르면 ① 학교의 교육계획에 근거하지 않은 자주적인 활동으로서의 동아리, 동호회, 연구회 등, ② 수업과 관계없는 참고자료의 사용, ③ 학급통신·학교소식 등에의 게재, ④ 학교 홈페이지에의 게재 등은 수업에 해당하지 않는다고 정리하고 있다.

문화체육관광부 가이드라인 '허용되지 않는 이용'

구 분	이용 요건
허용되지 않는 이용 (이용허락 대상 요건)	• 저작물의 일부를 시중에서 판매되는 형태와 유사하게 제작하여 배포하거나 파일로 제공하여 구매를 대체할 수 있는 이용 • 시중에서 판매되고 있는 문제집, 참고서(워크북 등 포함)를 저작권자의 경제적 이익을 부당하게 침해하는 수준으로 복제하여 학생에게 제공하는 이용 • 교원에 의해 매학기 마다 같은 자료를 반복적으로 복제하여 학생에게 제공하는 이용 • 도서, 간행물, 영상저작물의 일부분을 순차적으로 복제함으로써 누적되어 결국 전체를 복제하게 되는 이용 • 수업을 담당하는 교원 1인당 1부, 수업을 받는 학생당 1부를 초과하는 복제 • 판매되는 음원·영상 저작물을 시디롬(CD-ROM), USB메모리 등 이동식 저장매체에 저장하여 배포하거나 전송 등의 방법으로 제공하는 이용

나도 전문가 | 교육목적 이용과 해외의 가이드라인

미국의 '도서 및 정기간행물과 관련한 가이드라인'

적절한 이용 범위의 해석은 간단하지 않다. 이와 관련하여 가장 많이 참고가 되고 있는 해외 사례가 미국의 '도서 및 정기간행물과 관련한 가이드라인'(Agreement on Guideline for Classroom Copying in Not-for-Profit Educational Institutions with Respect to Books and Periodicals)이다.[43] 여기서는 '교사를 위한 1부 복제'와 '수업 과정을 위한 여러 부 복제'를 '일정한 조건' 하에 허용한다.

먼저, '교사를 위한 1부 복제'는 수업 또는 수업 준비에서 조사 또는 이용을 위해 교사가 직접 또는 요청하여 책의 한 장(章); 정기간행물 또는 뉴스의 한 논문; 집합저작물에 게재된 하나의 단편 소설이나 수필, 시 등; 책이나 정기간행물, 뉴스에 게재된 하나의 차트, 그래프, 도표, 도면,

---

43) 미국에서는 인쇄물, 음악, 시청각저작물(Audiovisual Works) 등 3가지 그룹에 대해 논의가 진행되어 가이드라인이 도출되었다. 가이드라인과 관련해서는 Circular 21(Reproductions of Copyrighted Works by Educators and Librarians), U.S. Copyright Office, 1976, pp. 5-12 참조. 원문은 https://www.copyright.gov/circs/circ21.pdf

만화 또는 그림 등을 1부 복제할 수 있다.

다음, '수업과정을 위한 여러 부 복제'는 어떤 경우에도 학생당 1부를 넘지 않는 선에서, 그리고 사소성 기준과 자발성 기준 그리고 누적효과 기준을 충족시키는 전제하에 수업과정 이용 또는 토론과정에서 교사가 직접 또는 그를 위해서 여러 부 복제할 수 있다.

한편 '교사를 위한 1부 복제'와 '수업 과정을 위한 여러 부 복제'로 허용되는 조건이 구비되는 경우라도 '선집, 편집물, 집합저작물을 제작하거나 대체·교체하기 위한 복제', '워크북이나 표준적인 시험지 또는 답안지처럼 공부나 수업 과정에서 소비되기 위한 저작물에서의 복제', '도서나 출판자의 재판 또는 정기간행물의 구매를 대체하는 복제, 상부 기관의 지시에 의해 이루어지는 복제, 같은 교사에 의해 매 학기마다 같은 자료의 반복적인 복제' 등의 경우 금지한다.

가이드라인에 따르면 미국에서의 수업목적 복제는 이상의 허용조건과 금지조건이 모두 충족되는 경우에 가능하다.

미국 '서적 및 정기간행물과 관련한 가이드라인'(Agreement on Guideline for Classroom Copying in Not-for-Profit Educational Institutions with Respect to Books and Periodicals)

허용조건 적극적 요건	'교사를 위한 1부 복제'	수업 또는 수업 준비에서 조사 또는 이용을 위해 교사가 직접 또는 요청하여 책의 한 장, 정기간행물의 하나의 논문, 편집물에 게재된 하나의 단편이나 시, 책에 게재된 하나의 차트, 만화 등을 복제할 수 있다.
	'수업 과정을 위한 여러 부 복제'	어떤 경우에도 학생당 1부를 넘어서는 안 된다. 사소성, 자발성, 누적효과 기준의 충족
	사소성 기준	• 250단어 또는 2페이지를 넘지 않는 시의 경우: 전부 • 250단어 또는 2페이지를 넘는 시의 경우: 250 단어 이내 • 2,500단어를 넘지 않는 산문의 경우: 전부, 또는 1,000 단어 또는 전체의 10%를 초과하지 않는 범위 내에서의 초록
	자발성 기준	복제는 교사의 의뢰로 그의 생각에 의해 이루어져야 한다. • 그 저작물을 사용할 것으로 생각하고 결정한 때와 교육 효과를 극대화하기 위한 사용의 시기가 너무 촉박해서 저작권 허락을 요청하는 것이 시간적으로 불합리하여야 한다.
	누적효과 기준	자료의 복제는 그러한 복제물이 만들어지는 학교에서 오직 한 과정을 위한 것이어야 한다. • 같은 저작자의 것은 단지 하나의 시, 논문 또는 두 개의 초록만이 가능하고, 하나의 편집물로부터는 세 개 이내의 것만이 가능하다. • 한 학기에 한 과정을 위해 여러 부를 복제하는 경우가 아홉 번을 초과해서는 안 된다.
소극적 요건		(어떠한 경우에도 다음과 같은 경우는 복제가 불가) '선집, 편집물, 집합저작물을 제작하거나 대체·교체하기 위한 복제', '워크북이나 표준적인 시험지 또는 답안지처럼 공부나 수업 과정에서 소비되기 위한 저작물에서의 복제', '도서나 출판자의 재판 또는 정기간행물의 구매를 대체하는 복제, 상부 기관의 지시에 의해 이루어지는 복제, 같은 교사에 의해 매 학기마다 같은 자료의 반복적인 복제'.

'일본저작권법 제35조 가이드라인'

일본은 2004년 3월 소위 '학교 기타의 교육기관에서의 저작물의 복제에 관한 저작권법 제35조 가이드라인(이하 '일본저작권법 제35조 가이드라인')'[44)]을 공표하였는데, 이에 의하면 수업과정에 사용 해당 여부는 교사가 판단하도록 하면서 그 해당 여부를 다음과 같이 예시하고 있다. 우선, 교육을 담임하는 자란 수업을 실제로 실시하는 자로서 교육기관의 「수업」을 담임하는 교사, 교수, 강사 등을 의미한다. 이 경우 교원 자격증의 유무는 묻지 않는다. 그리고 수업을 받는 자란 수업을 실제로 받는 자에 해당하며 「수업」을 담임하는 사람의 지도 아래에 있는 것을 필요로 한다. 이 경우 교육기관 간에서의 교류 시의 타교 재학생, 사회 교육의 수업을 받는 사람을 포함한다. 하지만 연구 수업·수업 참관에 있어서의 참관자는 이에 해당하지 않는다.[45)]

제35조 제1항 가이드라인

사 항	조 건	내 용
교육을 담임하는 자	수업을 실제로 하는 사람	• 상기 교육기관의 '수업'을 담임하는 교사, 교수, 강사 등(교원면허 등의 자격 유무는 묻지 않는다.)
수업을 받는 자	수업을 실제로 받는 사람	'수업'을 담임하는 자의 지도하에 있는 것을 요한다.(교육기관 간에서의 교류 시의 타교 재학생, 사회교육의 수업을 받는 자를 포함한다.) * 연구수업 또는 참관수업에서의, 수업참관자는 제외
수업 과정에 있어서의 사용	'수업'은 학습지도요령, 대학설치기준 등에서 정의된 것	수업의 과정에 해당하는가는 왼쪽 조건에 비추어 수업을 담임하는 자가 책임을 갖고 판단할 것. • 교실에서의 수업, 종합학습, 특별교육활동인 학교 행사(운동회 등), 세미나, 실험, 실습, 실기(원격수업을 포함), 출석이나 단위취득이 필요한 클럽 활동 • 부(部)활동, 생도지도, 진로지도 등 학교 교육계획에 기초하여 행해지는 과외지도 * 학교 교육계획에 기초하지 않은 자주적 활동(예: 서클, 동호회, 연구회)의 경우는 '수업'에 해당하지 않는다. * 이하의 경우는 '수업의 과정'에 있어서의 사용에 해당하지 않는다: - 수업과 관련 없는 참고자료의 사용 - 학내 LAN 서버에 축적 - 학급통신 등에의 게재 - 교과연구회에서의 사용 - 학교 홈페이지에 게재

---

44) 학술저작권협회, 컴퓨터프로그램저작권협회, 일본영상프로그램협회, 일본음악저작권협회, 일본잡지협회, 일본서적출판협회, 일본신문협회, 일본문예가협회, 일본음반협회 등이 일본저작권법 제35조 가이드라인협의회를 구성하여 수업목적 복제·배포 및 수업목적 전송과 관련하여 가이드라인을 도출하였다고 한다. 이용자 측과도 상당 부분 일정한 합의에 달했다고 하나, 협의를 필요로 하는 부분도 있어 권리자측 명의로 공표하였다고 한다.

45) http://www.eonet.ne.jp/~sima/sonota/kaisei3.html. 한국교육학술정보원(2009), 디지털교과서 사업 활성화를 위한 저작권 법·제도 방안 연구 참조.

사 항	조 건	내 용
필요하다고 인정되는 한도	수업의 대상이 되는 필요 부분	범위는 필요 최소한의 부분으로 한다.
공표된 저작물	저작자의 허락을 얻어 공공에 제공, 제시된 저작물	* 미공개 논문, 작문, 편지, 일기, 미술, 사진, 음악 등의 저작물은 제외

저작권자의 이익을 부당하게 침해	저작물의 종류 · 용도, 복제의 부수 · 태양 등을 고려	* 저작권자의 이익을 부당하게 침해한 것으로 볼 수 있는 경우의 예:
		① 저작물의 종류와 용도
		  a. 학생(초중고, 대학)들이 수업을 받을 때 구입하거나 빌려보게 되어 있는 것(기록매체는 불문)을 구입하는 대신 복사하는 것
		    예) 1-1 그 교실에서 사용되지 않는 검정교과서(교사용 지도서 포함)
		    예) 1-2 참고서, 문제집, 연습문제지(drill), 워크북(workbook), 자료집, 시험지, 백지도, 교재로 사용되는 악보
		    예) 1-3 고등교육(대학 등) 교과서로 이용되는 도서(참고서, 연서, 문제집 등을 포함)
		    예) 1-4 독자 대상으로, 고등교육에서 학생을 포함하는 전문서적 · 잡지를 당해 교과의 고등교육에 사용하는 것
		    예) 1-5 라이선스 계약범위를 넘은 소프트웨어의 설치 사용(잡지 · 서적 등의 부록 CD-ROM도 포함)
		    예) 1-6 교재용 녹음물 · 녹음녹화물(음악용 CD, CD-ROM 등 디지털 매체의 음성을 수반하는 참고서, 보조교재, 교육기관에서의 상영을 목적으로 하여 반포되는 비디오)
		    예) 1-7 렌털용으로서 반포된 비디오, DVD
		  b. 본래의 수업목적을 넘은 이용이 행해지는 경우
		    예) 2-1 필요한 기간을 넘어 교실 내 또는 학교 내의 벽면 등에 게시되는 것을 목적으로 하는 것
		    예) 2-2 방송채널 등을 보관실 보존을 목적으로 녹음 · 녹화하는 것
		② 복제 부수와 태양:
		원칙적으로 부수는 통상 한 클래스의 인원과 담임하는 자의 합을 한도로 한다.(초중고 및 이에 준하는 교육기관 이외의 경우, 한 교실의 인원수에 있어서 대체로 50명 내외를 기준으로 한다.)
		  a. 많은 부수의 복제 등, 다수의 학습자에 의한 사용
		    예) 3-1 대학 등 대강의에서의 이용
		    예) 3-2 복수의 학급에서 이용하는 것으로, 결과적으로 다량의 복제가 되는 경우(사회교육 등에서, 동일한 저작물을 반복하여 이용하는 경우를 포함)
		    예) 3-3 통신교육의 교재(제2항에 해당하는 것 제외)
		    예) 3-4 방송에 의한 수업의 교재
		  b. 복제의 태양이 시판의 상품과 경합하는 것과 같은 방법으로 행해지는 경우
		    예) 4-1 복제하여 제본하는 등 시판 형태에 유사한 것
		    예) 4-2 감상용 미술, 사진의 복제
		  c. 계속적으로 복제가 행해지는 경우
		    예) 5-1 수업마다 동일한 신문 · 잡지 등의 칼럼 연재기사를 계속적으로 복제
		    예) 5-2 결과적으로 많은 부분을 복제하는 경우

사 항	조 건	내 용
저작인격권을 침해하지 않을 것		* 저작자의 의도에 반하는 저작물 내용의 개변 · 편집 * 저작물에 기재된 저작권 표시의 소거 · 개찬(改竄)
출처명시	관행의 경우	저작물을 복제할 경우에는 복제물에 그 저작물의 출처를 명시한다. 수업을 받는 자에 의한 복제는 수업을 담임하는 자가 출처명시를 지도한다. 출처명시의 내용에 관하여는 아래 항목을 명시한다: - 서적: 도서명, 작품명, 저작자명, 출판사명, 발행연도 - 잡지 · 신문: 게재지명, 기사 · 논문명, 저작자명, 발행연월일 - 방송프로그램: 프로그램명, 방송국명 - 음악(CD): 곡명, 작사 · 작곡가명, 실연자명, 레코드회사명 - 영화: 제목, 제작자명, 감독명, 실연자명

(5) 복제 · 배포 · 공연 · 전시 또는 공중송신

Q 수업 자료를 학생들이 볼 수 있도록 인터넷에 올려도 될까?

O 단, 접근제한조치, 복제방지조치, 경고문구의 표시를 해야 한다.

  수업목적이라는 이유로 제한되는 저작재산권은 점점 확대되어 왔다. 과거 '복제 · 공연 · 방송 또는 전송'에서 2009년 배포가 추가되었고, 2013년부터는 '복제 · 배포 · 공연 · 전시 또는 공중송신'으로 방송 · 전송이 '공중송신'으로 확대됨과 동시에 '전시'가 추가되었다. 예컨대 소설의 일부를 복사하여 나눠주거나(복제 · 배포), 음악을 들려주는 것(공연), 미술품을 학교에 걸어두는 것(전시) 등이 모두 가능하며, 인터넷을 통한 공중송신도 허용된다. 실제로 교사들이 LMS(Learning management system) 등을 통하여 학생들에게 많은 자료를 제공하고 있다.[46]

---

46) '교과용 도서에의 게재'에서 전술한 바와 마찬가지로 번역, 편곡, 개작하여 게재하는 것도 가능하다. 제36조(번역 등에 의한 이용) ① 제24조의2, 제25조, 제29조, 제30조 또는 제35조의3에 따라 저작물을 이용하는 경우에는 그 저작물을 번역 · 편곡 또는 개작하여 이용할 수 있다. 〈개정 2011. 12. 2., 2013. 12. 30.〉 ② 제23조 · 제24조 · 제26조 · 제27조 · 제28조 · 제32조 · 제33조 또는 제33조의2에 따라 저작물을 이용하는 경우에는 그 저작물을 번역하여 이용할 수 있다. 〈개정 2011. 12. 2., 2013. 7. 16.〉

저작권법 제25조 제2항의 개정 연혁

저작권법 [법률 제8101호, 2006. 12. 28, 전부개정]	저작권법 [법률 제9625호, 2009. 4. 22, 일부개정]	저작권법 [법률 제12137호, 2013. 12. 30, 일부개정]
② 특별법에 의하여 설립되었거나 「초·중등교육법」 또는 「고등교육법」에 따른 교육기관 또는 국가나 지방자치단체가 운영하는 교육기관은 그 수업목적상 필요하다고 인정되는 경우에는 공표된 저작물의 일부분을 복제·공연·방송 또는 전송할 수 있다. 다만, 저작물의 성질이나 그 이용의 목적 및 형태 등에 비추어 저작물의 전부를 이용하는 것이 부득이한 경우에는 전부를 이용할 수 있다.	② 특별법에 따라 설립되었거나 「유아교육법」, 「초·중등교육법」 또는 「고등교육법」에 따른 학교, 국가나 지방자치단체가 운영하는 교육기관 및 이들 교육기관의 수업을 지원하기 위하여 국가나 지방자치단체에 소속된 교육지원기관은 그 수업 또는 지원 목적상 필요하다고 인정되는 경우에는 공표된 저작물의 일부분을 복제·배포·공연·방송 또는 전송할 수 있다. 다만, 저작물의 성질이나 그 이용의 목적 및 형태 등에 비추어 저작물의 전부를 이용하는 것이 부득이한 경우에는 전부를 이용할 수 있다. 〈개정 2009. 4. 22〉	② 특별법에 따라 설립되었거나 「유아교육법」, 「초·중등교육법」 또는 「고등교육법」에 따른 학교, 국가나 지방자치단체가 운영하는 교육기관 및 이들 교육기관의 수업을 지원하기 위하여 국가나 지방자치단체에 소속된 교육지원기관은 그 수업 또는 지원 목적상 필요하다고 인정되는 경우에는 공표된 저작물의 일부분을 복제·배포·공연·전시 또는 공중송신할 수 있다. 다만, 저작물의 성질이나 그 이용의 목적 및 형태 등에 비추어 저작물의 전부를 이용하는 것이 부득이한 경우에는 전부를 이용할 수 있다. 〈개정 2009. 4. 22, 2013. 12. 30〉

다만, 온라인 전달 시에는 오프라인 이용과 달리 접근제한조치, 복제방지조치, 경고문구의 표시를 해야 한다.

디지털 파일의 무단 복제 전달, 학생이 아닌 일반인의 저작물 이용 등에 대한 저작권자들의 우려가 크기 때문이다. 이에 저작권법에서는 인터넷에 자료를 업로드할 때는 수강생이 아닌 제3자의 접근제한, 디지털 파일의 무단 복제방지조치, 경고문구 기재 등을 하도록 타협안을 마련하였다(저작권법 제25조 제10항 및 시행령 제9조).[47]

접근제한조치, 복제방지조치, 경고문구의 표시 등이 구체적으로 무엇을 의미하는지 법령에는 안내해주고 있지 않다. 다만 문화체육관광부 가이드라인(2015)에서는 접근제한조치로 로그인을, 복제방지조치로 마우스 우클릭 금지를 예시하고 있다.

경고문구의 표시는 어렵지 않다. 대부분의 학교 홈페이지는 물론 네이버나 다음의 카페 등도

---

[47] '전송과 관련한 보상금을 산정하기 위한 장치의 설치'도 언급하고 있으나, 고등학교 및 이에 준하는 학교 이하의 학교에서 제2항에 따른 복제·배포·공연·방송 또는 전송을 하는 경우에는 보상금을 지급하지 않으므로 이에 해당하는 학교에서는 보상금 산정 장치도 필요치 않다(저작권법 제25조 제4항).

로그인을 통해 학생들만 접근할 수 있도록 통제할 수 있으므로 접근제한조치도 큰 부담이 없다. 결국 마우스 우클릭 방지 정도의 복제방지조치만 주의하면 인터넷을 통한 전송도 가능하다. (보상금 산정장치는 종량방식 보상금 지급 약정을 체결한 기관만 설치하도록 하고 있어, 보상금 납부 의무가 없는 학교에서는 걱정할 필요가 없다.)

수업 자료 인터넷 전송 시 조치 사항(문화체육관광부 가이드라인(2015), 7면)

[저작권법 제25조 제10항 및 시행령 제9조에 따른 기술적 보호조치]
① 전송하는 저작물을 수업을 받는 자 외에는 이용할 수 없도록 하는 접근제한조치
② 전송하는 저작물을 수업을 받는 자 외에는 복제할 수 없도록 하는 복제방지조치
③ 저작물에 저작권 보호 관련 경고문구의 표시
④ 전송과 관련한 보상금을 산정하기 위한 장치의 설치

- 접근제한조치 : 일반인이 저작물에 접근하지 못하도록 하는 조치 예) 로그인
- 복제방지조치 : 저작물에 접근한 이용자가 저작물을 복제하여 다른 사람에게 제공하지 못하도록 하는 조치 예) 마우스 우클릭 방지
- 경고문구 표시 : 저작권법 제25조 제2항에 따라 적법하게 이용된 저작물임을 표시함과 동시에 무단 이용을 금지하는 문구표시 조치
- 보상금산정장치설치 : 종량방식 보상금 지급 약정을 체결한 교육기관 또는 교육지원기관에서 전송에 따른 보상금을 산정하기 위해 설치해야 하는 장치(또는 시스템)

 **나도 전문가** — 학교 홈페이지 게시판에 불법 저작물이 올라오면…

Q 학생이 불법 저작물을 학교 홈페이지에 업로드한 경우, 학교도 책임을 질 수 있나?

O 학교가 관리 운영하는 홈페이지에 불법 저작물이 업로드되면 학생뿐만 아니라, 학교도 책임을 질 수 있다. 다만 침해를 알고 즉시 그 저작물 등의 복제·전송을 중단시킨 경우에는 책임을 지지 않는다(제102조). 홈페이지 관리 담당자를 지정하고, 불법 저작물을 발견 즉시 차단한다면 학교가 법적 책임을 지는 경우는 많지 않을 것이다[상세한 사항은 제3장 다. 참조].

(6) 보상금

살펴본 바와 같이 대학교, 교육청 교육연수원, 공무원 교육원 등은 수업목적으로 저작물을 이용할 때 사전 이용허락을 받을 필요는 없다. 단지 문화체육관광부장관이 고시한 바에 따라 수업목적보상금만 납부하면 된다. 그나마 고등학교 이하의 '학교'에서는 수업목적보상금 지급 의무도 면제하고 있다.

> **저작권법**
>
> 제25조(학교교육 목적 등에의 이용) ④ 제1항 및 제2항에 따라 저작물을 이용하려는 자는 문화체육관광부장관이 정하여 고시하는 기준에 따른 보상금을 해당 저작재산권자에게 지급하여야 한다. 다만, 고등학교 및 이에 준하는 학교 이하의 학교에서 제2항에 따른 복제·배포·공연·방송 또는 전송을 하는 경우에는 보상금을 지급하지 아니한다. 〈개정 2008. 2. 29., 2009. 4. 22.〉
>
> ※ 참고로 대학의 경우에는 수업목적보상금을 지급하고 있는데, 2019년 현재 문화체육관광부장관이 고시한 수업목적 저작물 이용 보상금 기준을 보면, 특별법에 따라 설립된 학교 및 「고등교육법」에 따른 학교에서는 학생 1인당 연간 1,300원의 보상금(전문대는 1,200원, 원격대는 1,100원)을 보상금으로 내도록 하고 있다.[48]

수업목적 저작물 이용 보상금 기준[문화체육관광부고시 제2014-8호]

이용형태	산정방식 및 납부 기준액(납부자가 아래 방식 중 선택)	
	종량방식	포괄방식
저작권법상 복제·배포·공연·방송·전송 (단, 중복 산정하지 않음)	• 어문: A4 1쪽 분량 당 7.7원 - 파워포인트는 1매당 3.8원 • 이미지: 1건당 7.7원 • 음악: 1곡당 42원 • 영상물: 5분 이내 176원 * 어문저작물의 1% 이내, 음악 및 영상저작물의 5% 이내(최대 30초) 이용의 경우는 보상금 대상에서 제외	학생 1인당 연간 기준금액은 다음으로 함. • 일반대 1,300원 • 전문대 1,200원 • 원격대 1,100원

> **도움말** — **수업목적이 아니더라도, 저작물 이용을 포기하지 말자.**
>
> 저작권법에는 제25조 외에도 다양한 저작권 제한 사유들이 있다. 예컨대 인용이나 공정이용 일반조항, 비영리 공연, 사적복제 등에 해당하면, 수업목적이 아니더라도 저작물을 이용할 수 있다[제2장 다. 2) 참조]. 허락을 받으면 이용할 수 있는 것은 물론이다.

---

[48] 적용대상 : 특별법에 따라 설립된 학교 및 「고등교육법」에 따른 학교, 적용 기간 : 2013년 1월 1일부터 차기 개정일까지.

저작권 이야기

학교 수영장에 그린 미키마우스

1987년 일본의 한 초등학교에서는 졸업 기념으로 106명의 어린이들이 2개월에 걸쳐 수영장 바닥에 미키마우스 그림을 그렸다. 그런데 이를 월트디즈니 프로덕션이 문제 삼았고, 결국 학교에서는 미키마우스 그림을 지우고 말았다. 당시 저작권자의 지나친 권리 주장이라는 비판이 있었지만, 저작권 문제가 제기될 수 있는 사안임은 분명해 보인다.

우리나라에서도 학교의 환경 미화를 목적으로 캐릭터 저작물이나 미술저작물을 이용하는 경우가 발견되는데, 저작권 분쟁이 발생할 수 있으므로 주의가 필요하다.

미키마우스 그림을 지운 일본 학교(출처 : 산케이 신문)

다) 수업'지원'을 위한 저작물 이용

EBS는 학교 수업을 지원하기 위하여 소위 '교과서 과외' 방송을 준비하였다. EBS는 수업지원 목적이므로 저작권자의 허락 없이도 교과서 등 저작물을 활용할 수 있을까?

X EBS는 '국가나 지방자치단체에 소속된 교육지원기관'이 아니므로, 저작권법 제25조 제2항의 수업지원기관이 될 수 없다.[49]

하지만 수업지원기관이 주관하여 EBS에 제작을 위탁하는 경우 해당 자료가 교육지원기관의 명의로 만들어지고 그 기관의 책임 아래 제공되는 경우라면 수업지원 목적 보상금 제도에 따라 위탁받은 외부 사업자 또한 공표된 저작물의 이용이 가능할 수 있다.[50]

우리나라 저작권법은 수업목적 저작물 이용뿐만 아니라 수업'지원' 목적의 저작물 이용에

---

[49] 오승종(2016), 저작권법(4판), 박영사, 684면 각주 54.
[50] 문화체육관광부 가이드라인(2015), 8면.

대해서도 저작권자의 허락 없이 이용이 가능하도록 규정하고 있다. 즉 2009년 개정에서 학교나 교육기관이 아닌, "이들 교육기관의 수업을 지원하기 위하여 국가나 지방자치단체에 소속된 교육지원기관"도 "지원 목적상 필요하다고 인정되는 경우에는 공표된 저작물의 일부분을 복제·배포·공연·방송 또는 전송할 수 있다."고 입법하였다.

교육청 등과 같은 교육지원기관도[51] 저작권자의 허락 없이 수업지원 목적으로 저작물을 이용할 수 있도록 저작권을 제한하고 있는 것이다. 우리나라 저작권법은 수업의 주체인 학교나 교육기관뿐만 아니라, 수업'지원'기관을 제25조 제2항에 포함시키고 있는데, 이와 같은 입법은 다른 나라에서는 찾아보기 어려운 독특한 조항으로, 교육을 위한 매우 전향적인 입법이라고 평가할 수 있다. 지나친 권리 제한이라는 비판이 있으며, 국제조약 위반 가능성이 제기된 바도 있다.

수업지원 목적 저작물 이용에 대한 입법(2009년)

저작권법 [법률 제8101호, 2006. 12. 28, 전부개정]	저작권법 [법률 제9625호, 2009. 4. 22, 일부개정]
② 특별법에 의하여 설립되었거나 「초·중등교육법」 또는 「고등교육법」에 따른 교육기관 또는 국가나 지방자치단체가 운영하는 교육기관은 그 수업목적상 필요하다고 인정되는 경우에는 공표된 저작물의 일부분을 복제·공연·방송 또는 전송할 수 있다.	② 특별법에 따라 설립되었거나 「유아교육법」, 「초·중등교육법」 또는 「고등교육법」에 따른 학교, 국가나 지방자치단체가 운영하는 교육기관 및 이들 교육기관의 수업을 지원하기 위하여 국가나 지방자치단체에 소속된 교육지원기관은 그 수업 또는 지원 목적상 필요하다고 인정되는 경우에는 공표된 저작물의 일부분을 복제·배포·공연·방송 또는 전송할 수 있다.

> **2020 개정 저작권법**
>
> 제25조(학교교육 목적 등에의 이용) ④ 국가나 지방자치단체에 소속되어 제3항 각 호의 학교 또는 교육기관의 수업을 지원하는 기관(이하 "수업지원기관"이라 한다)은 수업 지원을 위하여 필요한 경우에는 공표된 저작물의 일부분을 복제 등을 할 수 있다. 다만, 공표된 저작물의 성질이나 그 이용의 목적 및 형태 등에 비추어 해당 저작물의 전부를 복제 등을 하는 것이 부득이한 경우에는 전부 복제 등을 할 수 있다.

---

51) 법률의 표현이 "이들 교육기관의 수업을 지원"이라고 되어 있어 교육기관에 '학교'가 포함되는지 논란의 여지가 있지만, 포함하는 것으로 해석하는 것이 일반적이다. 즉 "[특별법에 따라 설립된 학교 또는 「유아교육법」, 「초·중등교육법」 또는 「고등교육법」에 따른 학교/국가나 지방자치단체가 운영하는 교육기관]의 수업을 지원하기 위해 국가나 지방자치단체에 소속된 교육지원기관"이 본 조항의 적용 주체가 된다.

(1) 주체 : 교육지원기관

교육부, 전국 17개 시도교육청 및 교육청 소속 기관(교육지원청, 교육정보원, 시도교육연수원, 평생학습관, 유아교육진흥원, 유아교육원, 유아체험교육원) 등과 국립특수교육원, 국사편찬위원회 등 국가 소속 교육지원기관이 여기에 해당한다.

> **교육지원기관의 범위[문화체육관광부(2015), 2면; 문화체육관광부 보상금고시]**
> 저작권법 제25조 제2항에 따른 교육지원기관이란 국가나 지방자치단체에 소속된 교육지원기관으로 구성원이 공무원법상 공무원이어야 함
> - 교육부, 전국 17개 시도교육청 및 교육청 산하 기관 : 교육지원청, 교육정보원, 시도교육연수원, 평생학습관, 유아교육진흥원, 유아교육원, 유아체험교육원 등
> - 국가 소속 교육지원기관 : 국립특수교육원, 국사편찬위원회 등

동 조항의 교육지원기관에 해당하려면 국가나 지방자치단체에 소속된 기관이어야 한다. 즉 구성원의 신분이 국가(지방)공무원법상 공무원인 경우만 해당한다. 따라서 구성원의 신분이 공무원이 아닌 EBS나 한국교육개발원 등은 여기에 포함하지 않는다.

> **문화체육관광부 · 한국저작권위원회(2009), 개정 저작권법 해설, 28~29면**
> 제25조 제2항에 따른 '국가나 지방자치단체에 소속된 교육지원기관'의 범위는?
> 각급 학교 또는 국가나 지방자치단체가 운영하는 교육기관의 '수업지원'을 목적으로하여야 합니다. 또한 해당 교육지원기관 구성원의 신분은 국가공무원법 또는 지방공무원법상의 공무원에 해당 되어야 합니다. 예를 들면 학교나 중앙공무원교육원 등 교육기관의 '수업을 지원'하기 위한 '학습지원센터' 등이 이에 해당할 것입니다. 따라서 공무원 신분이 아닌 한국교육개발원이나 한국교육학술정보원, 그리고 한국교육과정평가원 등은 이에 해당하지 않습니다.

다만 교육청 등 교육지원기관이 EBS나 한국교육개발원 등 제3자에게 개발을 위탁하는 것은 가능하다. 문화체육관광부 가이드라인에 따르면, 해당 자료가 교육지원기관의 명의로 만들어지고 그 기관의 책임 아래 제공되는 경우라면 수업지원목적보상금 제도에 따라 위탁받은 외부 사업자 또한 공표된 저작물의 이용이 허용된다고 해석하고 있는 것이다.

> **문화체육관광부 가이드라인, 8면, Q6**
>
> 교육청 교육연수원의 수업지원 목적 사업을 위탁받아 연수 콘텐츠 개발 및 서비스 운영을 하고 있습니다. 교육청과 같은 교육지원기관은 수업지원 목적으로 공표된 저작물을 저작권자 사전 허락 없이 이용하고 이용에 따른 보상금만 지급하면 된다고 하는데, 이를 위탁받은 사업자도 보상금 제도를 통한 저작물 이용이 가능한가요?

▸ 교육지원기관에서 수업지원을 목적으로 자료를 직접 개발하기도 하지만, 그 주관하에 외부 기관에 위탁을 주는 경우도 있을 것입니다. 위탁을 주는 경우라도 해당 자료가 교육지원기관의 명의로 만들어지고 그 기관의 책임 아래 제공되는 경우라면 수업지원목적보상금 제도에 따라 위탁받은 외부 사업자 또한 공표된 저작물의 이용이 가능합니다.

다만, 위탁을 받은 사업자는 개발 완료 시 사업수행 과정에서 이용된 저작물에 대한 저작물 이용내역서, 복제물 등의 내역을 발주한 교육지원기관에 보고하여 향후 이용된 저작물에 대한 저작재산권자에게 보상금이 지급될 수 있도록 하여야 합니다.

(2) 수업"지원" 목적

학교 및 교육기관의 '수업을 지원하기 위한 목적'으로 저작물을 이용할 수 있다.

수업지원 목적의 개념이 무엇인지는 법문상 분명하지 않다. 문화체육관광부에서는 '학교 및 교육기관의 교육과정에서 이루어지는 것으로 교원(수업을 실제 담당하는 교사, 강사 등을 말한다) 또는 학생에게 제공되는 수업 지원'을 의미한다고 해석한 바 있다.

> **수업지원 목적의 범위[문화체육관광부(2015), 2면]**
>
> 저작권법 제25조 제2항에 따른 수업지원 목적상 필요하다고 인정되는 경우란 다음 각호의 요건을 모두 충족하여야 한다.
> 가. 교육지원기관에서 시행하며 학교 및 교육기관의 교육과정에서 이루어지는 수업 지원
> 나. 교원(수업을 실제 담당하는 교사, 강사 등을 말한다) 또는 학생에게 제공되는 수업지원

수업지원 목적에 해당하지 않는 경우에는 저작권자의 사전 이용허락을 받아 이용하여야 함은 당연하다. 예컨대 교육청의 경우 교육법에 규정된 교육·학예에 관한 사무를 관장하는 기관으로 다양한 업무를 수행하고 있는데, 수업지원 목적에 해당하는 경우에만 제25조 제2항 적용이 가능하다.

(3) 공표된 저작물 등[수업목적 저작물 이용과 동일]

공표된 저작물을 필요하다고 인정되는 경우 '최소한의 범위'를 이용해야 하는 것은 전술한 '수업목적' 저작물 이용과 동일하다. 복제·배포·공연·전시 또는 공중송신이 가능하다는 점도 마찬가지이다.[52]

(4) 보상금[수업목적 저작물 이용과 동일]

수업지원 목적 저작물 이용의 경우에도 수업목적 저작물 이용과 마찬가지로, 사전 허락을 받을 필요가 없다. 문화체육관광부장관이 고시한 보상금만 납부하면 된다.

2019년 현재 문화체육관광부 장관이 고시한 수업목적 저작물 이용 보상금 기준은 종량방식과 포괄방식으로 구분하고 있으며, 전국의 시도교육청은 모두 포괄방식으로 계약하여 학생 1인당 연간 250원의 보상금을 문화체육관광부장관이 지정한 보상금수령단체(사단법인 한국복제전송저작권협회)에 지급하고 있다.

수업지원 목적 저작물 이용 보상금 기준[시행 2018. 7. 30.]
[문화체육관광부고시 제2018-22호, 2018. 7. 30., 일부개정]

이용형태	산정방식 및 납부 기준액 (납부자가 아래 방식 중 선택)	
	종량방식	포괄방식

저작권법상
복제·배포·공연·전시
또는 공중송신
(단, 중복 산정하지 않음)
	• 어문: A4 1쪽 분량당 7.7원
	  - 파워포인트는 1매당 3.8원
	• 이미지: 1건당 7.7원
	• 음악: 1곡당 42원
	• 영상물: 5분 이내 176원
	  * 영상물의 5분 이내의 사용은 5분으로 보며, 초과 이용은 10초당 10원씩 가산
	  * 어문저작물의 1% 이내, 음원 형태의 저작물의 5% 이내(최대 30초), 영상저작물(영화, 방송, 애니메이션 등)의 5% 이내(최대 1분) 이용의 경우는 보상금 대상에서 제외
		학생 1인당 연간 기준금액은 250원으로 함

---

52) 수업목적 저작물 이용과 구분되는 수업지원 목적 저작물 이용 가이드라인을 KORRA에서 검토한 바 있으나, 아직 공표된 선행 연구나 해외 사례는 없다. 향후 연구 과제이다.

 **나도 전문가** '학생'도 수업목적인 경우 허락 없이 저작물 이용이 가능한가요?

 수업을 듣는 학생도 발표 자료 준비를 위하여 저작물을 복제할 수 있나?

저작권법 제25조 제3항에서는 피교육자도 '수업목적으로 복제·전송을 할 수 있다'고 규정하였다. 학교·교사뿐만 아니라, '교육을 받는 자'도 수업목적상 필요하다고 인정되는 경우에는 저작권자의 허락을 구할 필요 없이 저작물을 복제하거나 전송할 수 있다. 예컨대 학생이 과제물을 온라인으로 제출하거나 수업 자료를 다른 수강생들과 공유하는 경우 등이 여기에 해당한다.[53]

> **저작권법**
>
> 제25조(학교교육 목적 등에의 이용) ③ 제2항의 규정에 따른 교육기관에서 교육을 받는 자는 수업목적상 필요하다고 인정되는 경우에는 제2항의 범위 내에서 공표된 저작물을 복제하거나 전송할 수 있다.

다른 나라 입법례를 보더라도 학생을 위하여 별도의 조문을 마련한 사례는 흔치 않다. '제2항의 범위 내에서'라고 되어 있으므로, 공표된 저작물을 필요 최소한의 범위에서 이용해야 하는 것은 전술한 바와 동일하다.

> **2020 개정 저작권법**
>
> 제25조(학교교육 목적 등에의 이용) ⑤ 제3항 제1호부터 제3호까지의 규정에 따른 학교 또는 교육기관에서 교육을 받는 자는 수업목적상 필요하다고 인정되는 경우에는 제3항의 범위 내에서 공표된 저작물을 복제하거나 <u>공중송신</u>할 수 있다.

라) 시험 문제의 출제

 학교에서 음악 기말고사 문제를 출제하는데, 악보를 이용하려면 저작권자에게 허락을 받아야 하나?

X 학교 시험 문제 출제를 위해서는 허락 없이도 저작물을 복제할 수 있다.

---

53) 다만 교사나 교육지원기관의 수업목적 저작물 이용(제2항)과 달리 '복제·전송'만 가능하다.

학교에서 입학 시험이나 그 밖에 학식 및 기능에 관한 시험 또는 검정을 위하여, 저작권자 허락 없이도 저작물을 복제·배포할 수 있다(제32조).

저작권 제한의 이유는 교육 목적이라는 측면보다는 '시험 문제의 비밀성'이 근거로 제시되어 왔다. 저작권 처리를 위하여 사전에 저작권자의 허락을 얻다 보면 시험 정보가 외부에 알려질 우려가 크기 때문에, 이용허락 없이도 복제·배포할 수 있도록 했다는 것이다.

> **저작권법**
>
> 제32조(시험 문제로서의 복제) 학교의 입학 시험 그 밖에 학식 및 기능에 관한 시험 또는 검정을 위하여 필요한 경우에는 그 목적을 위하여 정당한 범위에서 공표된 저작물을 복제·배포할 수 있다. 다만, 영리를 목적으로 하는 경우에는 그러하지 아니하다. 〈개정 2009. 4. 22.〉

> **2020 개정 저작권법**
>
> 제32조(시험 문제로서의 복제) 학교의 <u>입학 시험이나</u> 그 밖에 학식 및 기능에 관한 시험 또는 검정을 위하여 필요한 경우에는 그 목적을 위하여 정당한 범위에서 공표된 저작물을 복제·<u>배포 또는 공중송신</u>할 수 있다. 다만, 영리를 목적으로 하는 경우에는 그러하지 아니하다.

(1) 학식 및 기능에 관한 시험 또는 검정

학교 입학 시험이나 중간고사, 기말고사 등 학교에서 치르는 시험은 대부분 이 요건을 충족한다. 학교가 아니더라도 학식 및 기능에 관한 시험·검정이라면 여기에 해당한다.

다만 저작권법은 '영리를 목적으로 하는 시험'은 동 조항의 적용을 제외하고 있다.[54] 학교에서 영리를 목적으로 시험을 실시하는 경우는 흔치 않을 것이므로 크게 고민할 사항은 아니다. 번역 이용도 가능하며, 출처명시의무도 면제된다.

---

54) 본조에서의 영리성이란 저작물의 복제행위 자체가 직접 영리와 관련되는지 여부에 따라 판단하여야 하는 것이므로 주식회사와 같은 상사회사의 입사시험도 문제 작성 자체를 당해 회사가 직접하는 경우에는 영리목적이라고 볼 수 없다고 해석한다. 박성호(2017), 저작권법, 박영사, 603면.

 **심화 학습** | 영리적 시험은 왜 제외될까?

이론적으로는 제32조의 취지가 비밀 유지 즉 시험의 특성상 사전 이용허락이 곤란하다는 이유라면, 영리 목적의 시험도 제외될 이유가 없다는 의문을 제기하는 학자도 있다. 참고로 일본 저작권법에서는 시험 문제로서의 복제행위 중 영리를 목적으로 하는 것도 허용하되, 통상의 사용료의 액수에 상당하는 보상금을 저작권자에게 지불하도록 하고 있다(일본 저작권법 제36조 제2항).

(2) 저작물의 복제 · 배포

Q '온라인' 시험 문제에 출제하는 경우에도 저작물을 자유롭게 이용할 수 있나?

X 저작권법에서는 복제 · 배포만 규정되어 있으며, '전송'은 적용대상이 아니다.

공표된 저작물인 이상 어문, 음악, 미술 등 저작물의 종류도 묻지 않고 복제 · 배포할 수 있다. 영어 소설의 한 부분을 예문으로 사용하거나 외국저작물을 번역하여 이용하는 것도 가능하다(제36조 제2항). 또한 음악 시험 문제에 악보를 사용하는 경우 등도 모두 가능하다.

그런데 저작권법 제32조에는 '복제 · 배포' 외에 온라인 '전송'은 명시되어 있지 않다. 따라서 같은 시험 문제라도 인터넷을 이용한 시험의 경우에는 저작물 이용에 대한 사용료를 지급하여야 하는 경우가 있다. 원격교육에는 수업뿐만 아니라 각종 평가도 인터넷을 이용하여 행하여지는 경우가 많다는 점을 고려하면 향후 교육 현장의 변화를 반영하여 개정을 검토해 볼 수 있을 것이다.[55]

(3) 기출문제의 활용

Q 기말고사를 앞두고 작년 학교 기출문제를 학생들에게 나눠주고 함께 풀어보려고 한다. 가능한가?

O 제32조와는 관계가 없다. 하지만 제25조 수업목적 저작물 이용에 해당하여 가능할 수 있다. 수업목적 요건을 충족하는 범위에서 저작물을 '복제 · 배포 · 공연 · 전시 또는 공중송신' 할 수 있다.

---

55) 일본 저작권법 제36조 제1항의 경우 '전송'에 대해서도 저작권 제한 사유에 포함시키고 있다.

제32조는 시험 문제 출제 과정에서 허락을 받지 않고 저작물을 이용할 수 있는 것이지, 이미 시험이 끝난 뒤에 기출문제를 활용하는 것과는 관계가 없다. 다만 제25조 등 다른 저작권 제한 사유에 근거하여 이용할 여지는 남아 있다.

2009년 6월 3일 교육과학기술부는 사교육 경감 대책의 일환으로 일선 학교의 중간고사, 기말고사 문제를 공개하도록 지시하고, 답안지와 해설서도 함께 제공하도록 권고하였다. 이에 학교에서 홈페이지를 통해 게시하거나 교내에 복사본 비치, 인쇄물 배부 등의 방법으로 기출문제를 공개하였는데, 저작권에 대한 쟁점은 충분히 검토되지 못했다. 제32조는 기출문제의 활용에 적용되는 조문은 아니다.

하지만 다행스럽게도 수업(지원)목적 요건을 충족하는 범위에서는 문제가 없다. 문화체육관광부에서는 가이드라인을 통해 학교 및 교육기관, 교육지원기관이 수업 및 그 지원을 목적으로 기출문제를 복사하여 소속된 교원과 학생에게 복제ㆍ배포ㆍ공연ㆍ전시 또는 공중송신하는 것은 저작권법 제25조 제2항에 따라 가능하다고 안내한 바 있다. 종이로 복사하여 수업시간에 나눠주는 것뿐만 아니라, 인터넷을 통해 공중 송신하는 것도 가능하다고 하였다.

> **문화체육관광부 가이드라인(2015)**
> 시험 문제의 복제, 배포 등 학교 및 교육기관, 교육지원기관은 수업 및 그 지원을 목적으로 기출 시험 문제 및 해설 자료의 일부분을 소속된 교원과 학생에게 복제ㆍ배포ㆍ공연ㆍ전시 또는 공중송신할 수 있다. 다만, 저작물의 성질이나 그 이용의 목적 및 형태 등에 비추어 저작물의 전부를 이용하는 것이 부득이한 경우에는 전부를 이용할 수 있다.

'미공표' 시험 문제도 수업시간에 배포할 수 있나?

X 미공표 저작물은 수업목적으로도 이용할 수 없다. 따라서 시험 문제 중 미공표 상태에 있는 문제는 수업목적으로도 학생들에게 제공할 수 없다.

수업목적이라고 하더라도 미공표 상태의 기출문제를 복제해서 나눠주는 것은 허용되지 않는다. 제25조 제2항 수업목적 저작물 이용은 '공표된 저작물'의 일부분 이용을 요건으로 하고 있기 때문이다. 미공표 시험 문제를 제공하는 것은 저작재산권 침해가 되는 것과 동시에 저작인격권(공표권) 침해가 될 수도 있다.

Q 제32조가 있으니, 학원에서 인근 학교 기출문제를 나눠주는 것은 문제가 없나?

X 기출문제의 이용은 제32조 적용이 되지 않는다. 또한 학원은 수업목적 저작물 이용에 대한 제25조의 적용을 받을 수도 없기에, 사전에 저작권자 허락을 받아야만 이용할 수 있다.

학교나 교육지원기관이 아닌 학원이나 출판사는 제25조의 요건을 충족하지 못하므로, 기출문제를 허락 없이 이용하기는 어렵다.

학원에서 인근 학교의 과년도 기출문제를 모아 판매하거나 출판사에서도 학교의 기출문제를 문제집에 포함시켜 판매하는 것은 저작권 침해 가능성이 크다.

실제로 '족보닷컴' 사이트에서 학교의 기출문제를 수집하여 서비스한 것에 대해 법원은 저작권 침해라는 판결을 내린 바 있다.[56]

수업지원 목적 저작물 이용에 대한 입법(2009년)

인덕원고 (2009학년도 국어 중간고사)	족보닷컴 (인터넷업체)
	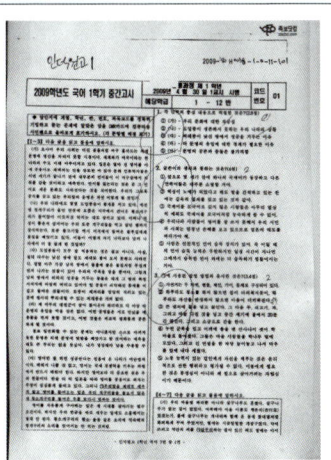

---

56) 최진원 외(2011), 국가 교육정보 저작권 보호 방안, 교육과학기술부, 16면 이하 참조. 족보닷컴 외에도 성적형명, 기출닷컴, 에듀탑 등 다수의 서비스 업체들이 기출문제를 제공해 왔다.

나도 전문가 — 교과서, 기출문제 등을 영리적으로 이용하려면

기출문제를 학원이나 출판사 등에서 영리적으로 이용하려면, 예문 등에 사용된 저작물에 대한 권리처리뿐만 아니라 '시험 문제' 자체의 저작권자에 대해서도 허락을 받아야 한다. 교과서의 경우에도 마찬가지여서, 교과서에 게재할 때는 허락이 필요치 않지만(제25조 제1항) 이를 참고서·문제집에 게재하기 위해서는 허락을 받아야 한다.

교과서, 시험 문제, 원저작물의 이용허락 관계를 정리하면 다음과 같다.

교과서 및 시험 문제의 이용흐름도

```
        [원] 저작물[시, 소설 등]
                │
                │ ①
                ▼
             교과서
           │         ▲
         ② │         │ ③
           ▼         │
    시험문제[학교, 수능, 학업성취도평가 등]
       │        │           │
     ④ │      ⑤ │         ⑥ │
       ▼        ▼           ▼
    최종 이용[참고서, 문제집, 강의 및 수업 교재]
```

허락이 필요 없는 경우 – ①②③
허락이 필요한 경우 – ④⑤⑥

① [교과서 게재] 교과서에 집필 시, 시나 소설 같은 원저작물을 게재하는 것은 별도의 허락을 받을 필요가 없다. 단지 보상금을 지급하면 교과용 도서에 자유롭게 게재할 수 있다(저작권법 제25조 제1항 및 제4항).

②③ [시험 문제 출제] 학교 등에서 시험 문제를 출제할 때, 교과서나(②) 원저작물을 이용하는 경우(③) 제32조의 요건을 충족한다면 별도로 허락을 받을 필요가 없다. 공표된 저작물을 이용하여 시험 문제를 내는 것에는 영리를 목적으로 하지 않으면 제한 없이 가능하다(저작권법 제32조).

④⑤⑥ [참고서 등 영리적 이용] 출판사나 학원은 사전에 이용허락을 받아야 한다. 교과서에 수록되었다거나 시험 문제에 이용되었다는 이유로 저작권을 제한하는 특별한 근거는 없다. 교과서(④), 시험 문제(⑤)도 시·소설 등의 저작물(⑥)과 마찬가지로 사용료를 지급하고 이용허락을 받아야 이용할 수 있는 것이다. 즉 교과서나 학교 기출문제도[57] 저작권법에 의해 보호를 받을 수 있음은 전술한 바와 같다. 출판사나 학원에서 무단 이용 시 당연히 저작권 행사가 가능하다.

---

[57] 대부분 '업무상저작물'에 해당하여 권리자는 예컨대 수능과 학업성취도평가 및 국립학교의 기출문제는 교육부, 공립학교는 시도교육청, 사립학교는 학교법인이 된다.

> **'교과서'도 저작권법의 보호를 받는다 – 검정교과서 사건**
> **[대법원 2007. 11. 30. 선고 2005도8981 판결]**
>
> 교과서라는 이유만으로 저작권의 범위가 제한된다거나 그 저작권에 내재적 한계가 있다고 볼 수 없다.

 토론해 봅시다

 전국 학교의 시험 문제를 한곳에 모아 서버에 저장한 뒤, 학생들에게 접근 권한을 주면 효율적일 것 같다. 사교육 대책으로도 효과적일 것 같은데, 저작권법상 문제가 없을까? 이해관계의 충돌을 어떻게 해결하면 좋을까?

도움말

온라인 개학과 유튜브 실시간 수업

유튜브에 교육 자료를 업로드하는 것은 원칙적으로 저작권법 제25조의 요건을 충족하기 어려우나, 코로나19로 인한 온라인 개학이라는 초유의 상황에 대응하기 위해, 문화체육관광부는 긴급하게 유튜브 서버 활용 방안을 발표하였다.

○ 코로나19로 인한 원격수업이 불가피한 상황에서, 학교 홈페이지 부재 또는 서버 과부하 등 기술적인 문제가 있는 경우, 아래와 같이 한시적으로 유튜브 서버를 활용하는 것도 가능함
  - 학교 수업영상을 일부공개, 비공개 업로드하여, 해당 수업영상 링크를 접근제한 조치가 가능한 플랫폼(학교·교육청 홈페이지를 통한 로그인 등) 등을 통해 학생에게 제공
  - 고의 또는 부주의로 인한 수업영상 링크 유출 시 저작권 침해 분쟁이 발생할 수 있으므로, 외부공유 엄격제한 경고문구 표시(출처 : "학교교육 목적 저작물 전송 관련 기술적 보호조치 예시", 2020. 4. 2. 저작권산업과)

2) 알수록 도움이 되는 저작재산권 제한

수업과 관계없는 영화를 보여주는 것은 저작권 침해인가?

X 제25조의 요건은 충족하지 못하지만, 비영리 공연(제29조)에 해당하여 문제가 없다.

제25조, 제32조 외에도 이용자를 위한 저작재산권의 제한 사유는 저작권법 제23조~제35조의3에 규정되어 있다. 이들 조문 역시 학교 현장에서 유용하게 활용될 수 있음은 물론이다. 이 중에서도 ① 인용 및 공정이용(제28조, 제35조의3), ② 비영리 공연 ③ 사적복제 등이 일상생활 속에서도 흔히 활용될 수 있다.

가) 인용 및 공정이용(제28조, 제35조의3)

'정당한 범위 안에서 공정한 관행에 합치되는 인용'과 '저작물의 통상적인 이용 방법과 충돌하지 아니하고, 저작자의 정당한 이익을 부당하게 해치지 아니하는 공정이용'에 해당하는 경우 저작권자에게 허락을 받지 않아도 이용할 수 있다. 수업목적이 아니거나 심지어 학원이나 참고서 등을 위해서도 가능하다. 즉 제25조나 제32조의 요건을 충족하지 못하더라도 공정이용의 가능성이 남아 있는 것이다.

인용의 허용과 공정이용 일반조항(제28조, 제35조의3)

근거 조문	요건 및 기준	법원이 문제없다고 판단한 사례
인용(제28조)	정당한 범위/공정한 관행 제외	검색창에 4cm*3cm 정도의 크기로 이미지가 보여지는 것 5살 아이가 노래 부르는 모습을 촬영하여 블로그에 올린 것
공정이용(제35조의3)	저작물의 통상적인 이용 방법과 충돌하지 않을 것 저작자의 정당한 이익을 부당하게 해치지 않을 것	

(1) 인용

인용이란 어떤 주장의 근거나 비판 또는 참고자료 등으로 삼고자 다른 사람의 말·글 등을 일부 가져오는 것이다. 저작권법은 **'보도·비평·교육·연구 등을 위하여'**, **'정당한 범위 안에서 공정한 관행에 합치되게' 인용할 수 있다**고 규정한다.

> **저작권법**
>
> 제28조(공표된 저작물의 인용) 공표된 저작물은 보도·비평·교육·연구 등을 위하여는 정당한 범위 안에서 공정한 관행에 합치되게 이를 인용할 수 있다.

(가) 목적 : 보도·비평·교육·연구 등

이때 '보도·비평·교육·연구 등'은 인용 목적의 예시이다. 교사가 개인적으로 논문·교재를 집필하거나 학생들이 수업과 무관한 동아리 활동을 위해서 저작물을 이용할 때도 '정당한 범위 안에서 공정한 관행에 합치'되게 저작물을 인용하는 것이 가능하다. 법원은 보도·비평·교육·연구에 한정되지 않고, '창조적이고 생산적인 목적을 위한 것이라면' 인용할 수 있다고 판시한 바 있다.[58] 영리적인 경우도 인용이 불가능한 것은 아니나, 비영리적 목적에 비하여 자유이용이 허용되는 범위가 좁아진다는 것이 법원의 입장이다[대법원 1997. 11. 25. 선고 97도2227 판결].

(나) 정당한 범위, 공정한 관행

정당한 범위, 공정한 관행의 합치 여부는 사안별로 구체적 사정을 고려할 수밖에 없다.

법원은 과거 인용의 대상이 되는 원저작물이 인용을 하는 원저작물과의 관계에서 부종적 성질을 가져야 한다는 이른바 '주종(主從)관계설'에 입각하여 정당한 범위 여부를 판단하여 왔다. "'정당한 범위'에 들기 위하여서는 그 표현 형식상 피인용저작물이 보족, 부연, 예증, 참고자료 등으로 이용되어 인용저작물에 대하여 부종적 성질을 가지는 관계(즉, 인용저작물이 주이고, 피인용저작물이 종인 관계)에 있다고 인정되어야 할 것이다."고 하여, 주종관계가 없으면 인용이 될 수 없다는 입장에 있었다[대법원 1990. 10. 23. 선고 90다카8845 판결].

소설마당 사건에서 법원은 인용된 분량이 상당하여 인용된 부분이 주가 되는 경우 저작권법 제28조의 인용이 되기는 어렵다고 하였다.

---

58) 손담비 미쳤어 사건. 서울고등법원 2010. 10. 13. 선고 2010나35260 판결(확정).

소설마당 사건
[서울고등법원 1996. 7. 12. 선고 95나41279 판결(확정)]

단편의 경우에는 전문을, 중·장편의 경우에도 상당한 분량을 인용하고 있어 전체적으로 그 인용 부분이 주가 되고 있다면, 이는 정당한 인용의 범위를 넘어 원저작물의 시장수요를 대체할 수 있는 정도라고 할 것이고, 인용저작물과 피인용저작물이 부종적 관계에 있다거나 정당한 관행에 합치된 인용이라고 보기 어렵다.

하지만 이후 주종관계가 없더라도 인용에 해당할 수 있다는 판례가 나왔다. 대법원은 '주종관계가 없더라도' 합법적 인용이 가능하다고 하였는데, "인용의 목적, 저작물의 성질, 인용된 내용과 분량, 피인용저작물을 수록한 방법과 형태, 독자의 일반적 관념, 원저작물에 대한 수요를 대체하는지 여부를 '종합적으로 고려'하여 판단"한다고 하였다[대법원 2006. 2. 9. 선고 2005도7793 판결]. 그중에서도 '시장수요 대체' 여부는 중요한 기준이 되는바, 기출문제를 무단 수록한 것이 문제 된 '대학입시용 문제집' 사건에서 법원은 '본고사 문제를 전부 수록함으로써 본고사 문제에 대한 일반 수요자들의 시장수요를 상당히 대체'하였는바, 정당한 범위 안에서의 공정한 관행에 합치되는 인용이라고 수 없다고 보았다.

대학입시용 문제집 사건[대법원 1997. 11. 25. 선고 97도2227 판결]

...일부분으로서 위 대학입시문제를 인용한 것이 아니라 위 대학입시문제의 질문과 제시된 답안을 그대로 베꼈고, 이로써 문제집의 분량을 상당히 늘릴 수 있었으며, 특히 위 대학입시용 문제집에 학교법인들이 저작권을 보유한 본고사 문제를 전부 수록함으로써 본고사 문제에 대한 일반 수요자들의 <u>시장수요를 상당히 대체</u>하였다고 할 것이므로, 이러한 인용은 교육을 위한 <u>정당한 범위 안에서의 공정한 관행에 합치되는 인용이라고 수 없다.</u>

저작권 이야기

'러브레터'는 되고, '대괴수 용가리'는 안 되고..

 출판사에서 교재를 '영리적으로' 발행하는 경우에는, 저작권자의 허락 없이는 인용하는 것이 불가능한가?

 가능하다. 다만 비영리에 비해 허용되는 범위가 좁다.

영리적인 이용에도 인용(제28조)·공정이용(제35조의3)의 적용이 불가능한 것은 아니다. 러브레터 사건에서 상업용 영화 '러브레터'의 일부분을 삽입하였지만 110여 분에 달하는 영화 중 30초 정도를 허락 없이 이용한 것에 대해 인용에 해당한다고 볼 여지가 있다고 판단한 바 있다. 다만 비영리 목적 이용에 비하여 인정 범위가 상대적으로 좁다.[59] SBS의 오락프로그램에서 이순재 씨가 이 사건 영화에 출연한 적이 있는지를 확인하는 내용을 방송하면서, 저작권자의 허락 없이 영화의 일부 장면을 약 3분간 방영하였다. 법원은 이에 대해 그 이용의 성격은 상업적·영리적인 점 등에 비추어 구 저작권법 제28조에 정한 공정이용에 해당하지 않는다고 보았다.

러브레터 사건[서울중앙지법 2004. 3. 18. 선고 2004카합344 결정]

인용 영화의 등장인물이 비디오로 제작된 피인용 영화를 시청하는 장면을 통하여 원작인 피인용 영화의 주요장면 중 일부를 보여주는 방법으로 인용 영화에 삽입한 것은 … 인용 부분은 110여 분에 달하는 인용 영화의 총 상영시간 중 불과 30초에 불과하다는 사정 등 여러 사정을 감안하여 <u>인용에 해당한다고 볼 여지가 있다.</u>

대괴수 용가리(스타 UCC) 사건
[서울남부지방법원 2008. 6. 5. 선고 2007가합18479 판결]

"이 사건 프로그램에서 이 사건 영화를 일부 인용한 것이 시청자들에게 정보와 재미를 주기 위한 목적이었다고 하더라도 그 이용의 성격은 상업적·영리적인 점, 피고 에스비에스가 자신의 인터넷 홈페이지를 통하여 유료로 이 사건 프로그램을 방송한 점, 피고들이 원고로부터 이 사건 영화의 인용에 대한 동의를 받는 것이 어렵지 아니하였던 점 등 이 사건 변론에 나타난 여러 사정을 고려하여 볼 때, 피고들의 위 행위가 공정이용에 해당한다고 할 수 없으므로 위 항변은 이유 없다."

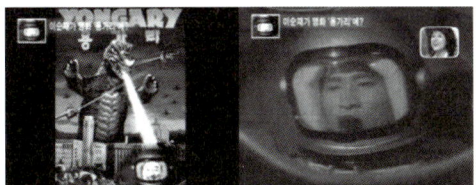

SBS "신동엽의 있다! 없다?"의 스타 UCC 코너에서 무단으로 인용한 '대괴수 용가리'의 장면.

---

59) 반드시 비영리적인 목적을 위한 이용만이 인정될 수 있는 것은 아니라 할 것이지만, 영리적인 목적을 위한 이용은 비영리적 목적을 위한 이용의 경우에 비하여 자유이용이 허용되는 범위가 상당히 좁아진다[대법원 1997. 11. 25. 선고 97도2227 판결].

(2) 공정이용 일반조항

(가) 공정이용 일반조항의 신설

2011년 한미 FTA 이행을 위한 저작권법 개정을 통해 소위 '공정이용 일반조항'이 신설되었다. 개별적 저작권 제한 규정 요건을 충족하지 못하더라도, "① 저작물의 통상적인 이용 방법과 충돌하지 아니하고, ② 저작자의 정당한 이익을 부당하게 해치지 아니하는 경우"라면 허락 없이도 저작물을 이용할 수 있다. 이용 목적이 교육이나 연구로 제한되는 것도 아니며, 주종관계를 요구하지도 않으며 나아가 영리적 '공정이용'도 불가능하지 않다.[60]

전술한 '인용' 조항(제28조)이 부담하던 과중한 역할을, 이제 공정이용 일반조항이 일부 나눠 가지게 될 것으로 예상된다.

> **저작권법**
>
> 제35조의3(저작물의 공정한 이용) ① 제23조부터 제35조의2까지, 제101조의3부터 제101조의5까지의 경우 외에 저작물의 통상적인 이용 방법과 충돌하지 아니하고 저작자의 정당한 이익을 부당하게 해치지 아니하는 경우에는 저작물을 이용할 수 있다. 〈개정 2016. 3. 22.〉
> ② 저작물 이용 행위가 제1항에 해당하는지를 판단할 때에는 다음 각 호의 사항 등을 고려하여야 한다. 〈개정 2016. 3. 22.〉
> 1. 이용의 목적 및 성격
> 2. 저작물의 종류 및 용도
> 3. 이용된 부분이 저작물 전체에서 차지하는 비중과 그 중요성
> 4. 저작물의 이용이 그 저작물의 현재 시장 또는 가치나 잠재적인 시장 또는 가치에 미치는 영향
> [본조신설 2011. 12. 2.]

(나) 판단 기준과 교육 현장의 어려움

법률 전문가도 아닌 교사가 교육 실무에서 공정이용 해당 여부를 판단하는 것은 쉽지 않다. 제2항에서는 판단의 기준으로 '1. 이용의 목적 및 성격,[61] 2. 저작물의 종류 및 용도, 3. 이용된

---

[60] 2016년 개정법에서 구법의 '보도·비평·교육·연구 등을 위하여'라는 목적 관련 문구를 삭제하였다. 참고로 미국 저작권법 제107조에서는 '비평·논평, 시사보도, 교수, 학문 또는 연구 등'이라고 규정한다.

[61] 2020년 5월 27일 시행 저작권법에서는 부수적 이용을 공정이용의 한 형태로 명시하고 있다. 제35조의3(부수적 복제 등) 사진 촬영, 녹음 또는 녹화(이하 이 조에서 "촬영 등"이라 한다)를 하는 과정에서 보이거나 들리는 저작물이 촬영 등의 주된 대상에 부수적으로 포함되는 경우에는 이를 복제·배포·공연·전시 또는 공중송신할 수 있다. 다만, 그 이용된 저작물의 종류 및 용도, 이용의 목적 및 성격 등에 비추어 저작재산권자의 이익을 부당하게 해치는 경우에는 그러하지 아니하다.

부분이 저작물 전체에서 차지하는 비중과 그 중요성, 4. 저작물의 이용이 그 저작물의 현재 시장 또는 가치나 잠재적인 시장 또는 가치에 미치는 영향[62] 등을 제시하고 있어 참고가 된다. 하지만 결국은 법원의 최종적 판단에 의존할 수밖에 없는 측면이 있다. 하급심에서는 교육목적이 인정되었음에도 불구하고 공정이용을 부정한 사례도 있다[서울중앙지방법원 2018. 5. 4. 선고 2017나76939 판결].

> **도움말** — **저작권 상담센터**
>
> 적법한 인용, 공정이용 해당 여부에 대한 기준과 판례를 살펴보았다. 전반적인 경향과 상대적 용이성은 이해가 되겠지만, 막상 교사가 실전에서 합법 여부를 판단하는 것은 상당히 부담스러운 일이다.
>
> 개별적으로 저작권 전문가나 변호사 등의 법률 지원을 받는 것도 물론 가능하겠지만, 교육부·교육청 등의 지원이 절실하다. 현재 한국저작권위원회에서는 무료 상담센터가 운영되고 있다(1800-5455).

나도 전문가 — **저작권 제한 입법의 한계 – 국제조약 '3단계 테스트'**

저작권법 제35조의3은 미국 저작권법 공정이용 조항(제107조)의 영향을 크게 받은 조문이다. 빠르게 변하는 매체 환경에서의 '원활한 이용'을 고려한 조문이라고 할 수 있다. 다만 공정이용 일반조항도 한계가 있다. 예컨대 교육을 위한 이용이라면 상대적으로 폭넓은 이용이 가능하지만, 국제법상의 한도를 넘어설 수 없음은 물론이다. 저작재산권의 제한과 관련된 국제적 표준은 소위 '3단계 테스트'라고 불리는 3가지 기준이 있다. 베른협약, WTO TRIPs, WCT·WPPT 등의 국제조약에서 저작권의 제한은 ① 저작물 등의 통상적인 이용(normal exploitation)과 충돌하지 않고 ② 저작권자 등의 이익을 부당하게 해하지 않는 ③ 특별한 경우(certain special case)에 한정되어야 하는 소위 3단계 검사법(3 Step Test)을 제시하였다.

제35조의3의 조문은 바로 이 3단계 테스트를 반영한 조문이다. 문화체육관광부 교육목적 저작물 이용 가이드라인에서도 "저작권자의 이익을 부당하게 침해하지 않는 범위 내에서 이용"이라고 표현하여 3단계 테스트의 의미를 반영하고 있다.[63]

---

62) 아직 책으로 발간되지 않았다고 하더라도 잠재적인 시장에 미치는 영향이 있다고 본 하급심 판결이 있다[서울중앙지방법원 2017. 9. 29. 선고 2017가합538716 판결].
63) 더욱 깊은 내용을 알고 싶다면, 정찬모(2004), "국제저작권법상 3단계 테스트의 변천", 계간 저작권 제65호 참조.

토론해 봅시다

 합법과 불법의 경계, 엠파스는 왜 안 되나?

다음 두 사건을 비교하면서, 학교에서 인용 또는 공정이용에 해당하는 이용과 그렇지 않은 이용의 사례들에 대해 토론해 보자.

두 건의 소위 '썸네일 사건'에서 법원은 사진의 크기·해상도에 따라 침해 여부를 상반되게 판결하였다. 4cm*3cm 크기로 썸네일 이미지를 이용한 것은 적법하다고 본 반면, 400×300 픽셀로 이용한 엠파스에 대해서는 저작권 침해가 된다고 판단한 바 있다.

> ① 적법한 인용이라고 본 사례 - 4cm* 3cm 썸네일 이미지 사건
> [대법원 2006. 2. 9. 선고 2005도7793 판결]
> 원저작물 대체 불가 썸네일

공소외인의 사진작품은 심미적이고 예술적인 목적을 가지고 있다고 할 수 있는 반면 피고인 회사의 사이트에 이미지화된 공소외인의 사진작품의 크기는 원본에 비해 훨씬 작은 가로 3㎝, 세로 2.5㎝ 정도이고, 이를 클릭하는 경우 독립된 창으로 뜬다고 하더라도 가로 4㎝, 세로 3㎝ 정도로 확대될 뿐 원본 사진과 같은 크기로 보여지지 아니할 뿐만 아니라 포토샵 프로그램을 이용하여 원본 사진과 같은 크기로 확대한 후 보정작업을 거친다 하더라도 열화현상으로 작품으로서의 사진을 감상하기는 어려운 만큼 피고인 회사 등이 저작물인 공소외인의 사진을 그 본질적인 면에서 사용한 것으로는 보기 어려운 점,…이미지 검색을 이용하는 사용자들도 썸네일 이미지를 작품사진으로 감상하기보다는 이미지와 관련된 사이트를 찾아가는 통로로 인식할 가능성이 높은 점…등을 종합하여 보면, 피고인 회사가 공소외인의 허락을 받지 아니하고 공소외인의 사진작품을 이미지검색의 이미지로 사용하였다고 하더라도 이러한 사용은 정당한 범위 안에서 공정한 관행에 합치되게 사용한 것으로 봄이 상당하다.

② 정당한 인용이 아니라고 본 사례 - 400×300 픽셀 엠파스 썸네일 사건
[서울고등법원 2007. 10. 2. 선고 2006나96589 판결]
수요 대체 효과 인정

피고가 2005년 5월경부터 인터넷 사용자에게 제공하여 온 상세보기 이미지는 기존의 썸네일 이미지와 달리 그 해상도가 400×300 픽셀에 달하고 있어 그 인용된 내용과 분량의 측면에서 볼 때 원래의 사진작품이 가지는 심미감을 상당 부분 대체하고 있는 점, 피고가 위 무렵부터 제공하는 슬라이드쇼 기능은 상세보기 이미지가 일정한 시차를 두고 자동으로 순환되게 함으로써 인터넷 사용자로 하여금 원고의 웹사이트에 접속하지 않고서도 원고의 저작물인 이 사건 사진작품을 용이하게 감상할 수 있게 하는 등 수요 대체 효과가 생기는 점 등을 종합하여 보면, 피고의 위와 같은 행위를 가리켜 구 저작권법 제25조에서 정한 공표된 저작물의 정당한 인용에 해당한다고 볼 수 없다.

나) 비영리 공연(제29조)

비영리이고 반대급부를 받지 않는 공연은 허락을 받지 않아도 된다. 학교에서 영리 목적 또는 입장료 등 반대급부를 받고 공연하는 일은 드물기 때문에, '공연'에 대하여 저작권을 걱정해야 하는 경우는 많지 않다. 즉 수업과 관계없는 경우에도,[64] 음악을 들려주거나 영화를 보여주는 것, 소설을 읽어주거나 장기자랑에서 노래를 부르고 연주하는 것, 극작가에게 허락을 받지 않고 연극을 상연하는 것 등이 모두 허용될 수 있다.

> **저작권법**
>
> 제29조(영리를 목적으로 하지 아니하는 공연·방송) ① 영리를 목적으로 하지 아니하고 청중이나 관중 또는 제3자로부터 어떤 명목으로든지 반대급부를 받지 아니하는 경우에는 공표된 저작물을 공연(상업용 음반 또는 상업적 목적으로 공표된 영상저작물을 재생하는 경우를 제외한다) 또는 방송할 수 있다. 다만, 실연자에게 통상의 보수를 지급하는 경우에는 그러하지 아니하다. 〈개정 2016. 3. 22.〉
> ② 청중이나 관중으로부터 당해 공연에 대한 반대급부를 받지 아니하는 경우에는 상업용 음반 또는 상업적 목적으로 공표된 영상저작물을 재생하여 공중에게 공연할 수 있다. 다만, 대통령령이 정하는 경우에는 그러하지 아니하다. 〈개정 2016. 3. 22.〉

---

64) 법 제25조 요건을 충족하여 '수업목적'으로 공연을 하는 것은 저작권 문제를 걱정할 필요가 없음을 이미 살펴본 바 있다.

심화 학습 — 라이브 공연과 음반 재생 공연의 구분

저작권법 제29조는 ㉮ 연극공연이나 학생들의 장기자랑과 같은 소위 라이브 공연(제1항)과 ㉯ CD·DVD를 재생하는 것과 같이 상업용 음반·영상저작물을 재생하여 공연하는 경우(제2항)로 나누어 규정하고 있다. 세부적 요건과 효과에서 차이가 있으나, 학교에서는 양자의 구분 필요성도 크지 않다.

비영리 공연의 허용(제29조)

근거 조문	요건	허용되는 이용	예시
제29조 제1항	비영리, 반대급부 받지 않으면	공표된 저작물 공연·방송 가능(라이브 공연)	연극, 밴드 동아리 연주 등
제29조 제2항	(영리도 가능) 반대급부 받지 않으면	상업용 음반·영상저작물 재생 공연 가능	DVD 영화 보여주기, CD 음악 들려주기

(1) 공표된 저작물 공연·방송(라이브 공연)

Q 수업과 관계없이 학생들이 동아리 활동으로 연극을 준비하고 있다. 비영리이고 입장료도 받지 않지만 극본의 저작권자에게 허락을 받아야 하나?

X 연극이 영리적 공연이라면 극작가에게 허락을 받아야 하는 것은 맞다. 수업과 관계가 없으므로 제25조 요건에도 해당하지 않는다. 하지만 비영리 목적으로 관람객들에게 무료로 공연하는 것이라면 제29조 제1항에 따라 허락 없이 이용할 수 있다.

Q 학교 행사에 가수·연주자를 초청하여 공연하였다. 가수·연주자에게는 소정의 보수를 지급하였지만, 비영리 공연이고 관람객에게 아무런 대가를 받지 않았다. 저작권 문제는 없다고 생각하는데 맞는가?

X 제29조 제1항 단서를 보면 '다만, 실연자에게 통상의 보수를 지급하는 경우에는 그러하지 아니하다.'라고 되어 있다. 가수나 연주자가 보수를 받고 공연하는 경우, 해당 곡의 저작권자에게 사용료를 내야 한다. 대학축제 때 연예인이 출연료를 받고 출연하는 경우 비영리이지만 해당 곡에 대한 저작권료를 내야 한다.

학교에서 이루어지는 '공연'은 일반적으로 비영리이며 입장료 등 대가를 받지 않는다. 또한 미공표 저작물을 공연하는 경우도 상정하기 힘들다. 이 경우 저작권법 제29조에 따라 저작권자의

허락을 받을 필요 없이 '공연'할 수 있다.

흔치 않은 일이겠지만 기업체 후원을 받아 광고물을 설치하거나 입장료를 받는 공연이라면 저작권자의 허락을 받아야 한다. 최근 대학교에서는 축제 기간이나 동아리 발표회 등에 소액의 입장료를 받는 경우가 있는데 이 경우 제29조 요건을 충족하지 못하게 된다. 예전에 초등학교에서도 '불우이웃돕기 성금' 명목으로 입장객에게 모금을 권유한 사례가 있었는데, 이 경우에도 제29조 적용대상이 아니게 된다.

또한 학교 축제에 가수를 초청하여 보수를 지급하는 경우라면 가수가 부른 노래의 작곡자, 작사가 등 저작권자에게도 저작권료를 지불해야 한다. '실연자에게 통상의 보수를 지급하는 경우'라면 제29조 적용을 받지 못하기 때문이다.

(2) 상업용 음반 · 영상저작물 재생 공연

Q 학기 말에 기말고사도 끝났고 여유가 있어서, 수업시간에 DVD 영화를 보여주었다. 수업 내용과는 딱히 관련은 없었다면, 저작권 침해가 되는가?

X 제25조 수업목적 저작물 이용이라고 보기는 어렵다. 하지만 비영리이고 학생들에게 대가를 받지 않았기에, 제29조 요건을 충족하여 저작권 침해는 아니다.

Q 점심시간에 학교 방송반 아이들이 최신 가요를 교내 방송을 통해 들려주었다. 수업과 관계가 전혀 없다면 허락을 받아야 하나?

X 상업용 음반은 '반대급부만 받지 않으면' 재생하여 공연할 수 있다.[65]
학교 방송으로 점심시간이나 등 학교 시간에 CD 등 상업용 음반을 재생하여 음악을 들려주는 것은 수업 여부와 관계없이 비영리 공연(제29조 제2항)에 근거하여 자유로이 가능하다. 기타 학교 행사에 음반을 재생하여 일부분이 아닌 전부를 들려주는 것도 문제 되지 않는다.[66]

---

65) #참고 - 학교 '방송'이라고 하지만, 저작권법상으로는 공연에 해당한다. 제2조 3. "공연"은 저작물 또는 실연 · 음반 · 방송을 상연 · 연주 · 가창 · 구연 · 낭독 · 상영 · 재생 그 밖의 방법으로 공중에게 공개하는 것을 말하며, 동일인의 점유에 속하는 연결된 장소 안에서 이루어지는 송신(전송을 제외한다)을 포함한다.

66) '다만, 대통령령이 정하는 경우에는 그러하지 아니하다.'고 하나, 학교는 해당하지 않으므로 자유롭게 공연할 수 있다. 저작권법 시행령 제11조 참조.

다) 사적복제[개인적 비영리 복제] (제30조)

(1) 허용되는 사적복제

Q 학생이 교사의 수업 내용을 녹음하고 있다. 집에 가서 '복습을 하기 위해서'라고 하는데, 학생에게 저작권 침해에 해당하므로 당장 중단하도록 요구했다. 교사의 수업도 저작물이므로 저작권 침해라고 하였는데, 맞는가?

X 교사의 수업은 저작물에 해당하는 것이 맞다. 그러나 개인적 복습을 위한 녹음은 사적복제에 해당하므로 저작권 침해가 되는 것은 아니다.

'영리를 목적으로 하지 않고, 개인적으로 이용'하기 위한 복제, 즉 사적복제(私的複製)에 해당한다면 누구든지 자유로운 복제가 가능하다. 예컨대 학생이 교사의 수업 내용 그대로 필기하거나 녹음하는 것은 저작권법상 복제에 해당하지만, 저작권 침해가 되지 않는다. 같은 취지에서 책을 핸드폰으로 촬영하는 것도 제30조 사적복제에 해당할 수 있다.

> **저작권법**
>
> 제30조(사적이용을 위한 복제) 공표된 저작물을 영리를 목적으로 하지 아니하고 개인적으로 이용하거나 가정 및 이에 준하는 한정된 범위 안에서 이용하는 경우에는 그 이용자는 이를 복제할 수 있다. 다만, 공중의 사용에 제공하기 위하여 설치된 복사기기에 의한 복제는 그러하지 아니하다.

사적복제(제30조)는 제25조의 '수업목적'보다 훨씬 적용 범위가 넓다. 수업과 관계없이 교사가 개인적으로 자료를 정리하고자 저작물을 복제하는 것은 제25조의 적용을 받기 어렵지만, 제30조의 사적 이용을 위한 복제에 해당하면 문제가 없다. 취미 생활을 위해 촬영·녹음하는 것도 마찬가지이다.

나도 전문가 — 사적복제보상금 제도

최근 복제 기술의 발전으로 오늘날 사적복제로 인하여 저작권자의 이익이 크게 위협을 받고 있다. 사적복제 허용 범위를 줄여야 한다는 권리자의 목소리가 커져가고, 국회에서도 제30조의 요건을 강화하는 입법이 추진된 바 있다.

> 참고로 독일 등 유럽 대부분의 국가와 미국, 일본 등은 사적복제에 대해 보상금을 지급하도록 하여 이용자의 복제를 보장하는 동시에 권리자도 배려하려는 입법이 이루어진 바 있다. 우리나라에서도 사적복제보상금 제도를 도입하는 저작권법 개정안이 발의된 바 있다.[67]

(2) 허용되지 않는 복제

① 사적복제는 비영리 목적·개인적 이용을 위한 것이어야 한다.

즉 영리 목적의 복제나 다수의 사람들에게 배포하기 위한 복제는 제30조와 관계가 없다. 토렌트·P2P로 영화나 음악을 공유하는 것도 개인적 이용이 아니므로 사적복제와는 관계가 없다.

Q 토렌트·P2P를 통해 개봉 중인 영화 파일을 받았다. 개인적 목적으로 보고 지우면 사적복제이니까 괜찮은가?

X 토렌트·P2P의 경우 다운로드를 받음과 동시에 다른 사람과 공유(업로드)하는 구조를 가지고 있기 때문에 기술적으로 사적복제라고 하기 어렵다. 법원에서는 토렌트·P2P를 통한 다운로드와 저작물 공유에 대해 저작권 침해를 인정한 사례가 있다.[68]

소리바다 사건
[서울고등법원 2005. 1. 12. 선고 2003나21140 판결]

> MP3 파일 복제행위가 개인, 가정 또는 이에 준하는 한정된 범위에서의 이용이라고 볼 수 없다 할 것이므로 사적이용을 위한 복제 항변은 이유 없다.

---

67) 사적복제보상금 제도에 대해 상세한 정보를 원한다면, 이영록·이상정·최진원(2016), 사적복제보상금제도 도입방안 연구, 지식재산위원회.; 박영규(2018), 사적복제보상금 도입 타당성 연구, 문화체육관광부.; 이규호 외(2017), 해외 사적복제보상금 제도 운영 사례 조사 연구, (사)한국저작권단체연합회; 안효질·김현숙(2014), "저작권법상 사적복제조항에 관한 연구 -컴퓨터프로그램의 사적복제를 중심으로", 고려법학 제75호 등 참조. 각국의 사적복제 현황은 WIPO·Stichting de Thuiskopie(2017), 「International Survey on Private Copying - Law and Practice 2016」.

68) 다수의 사람들이(Peer) 일부 조각을 보내는 구조이므로 조각 파일을 공유한 것만으로 저작권 침해가 되는지 논란의 여지가 있다. 상세한 정보를 원한다면 Liberty Media Holdings, LLC v. Swarm of November 15 to December 4, 2010, 1:11-cv-00239-MRB(S.D.Ohio, April 20, 2011) 참조. 이 사건에서 원고는 이용자들 가운데 오하이오 거주자만을 상대로 소송을 제기하였다.

웹하드(서버-클라이언트 방식)와 토렌트 · P2P(출처: netmanias.com)

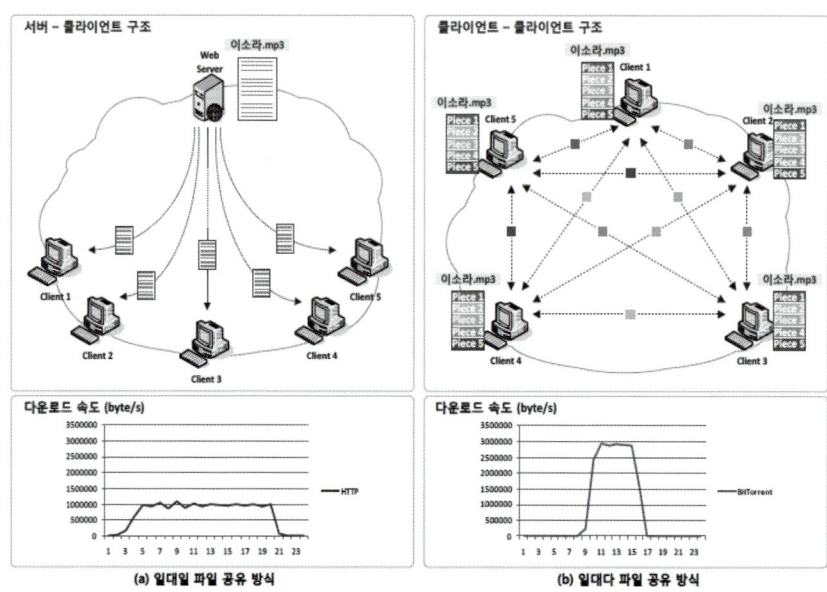

② 법 제30조 단서에는 독특한 예외를 추가하였는데, '공중용 복사기기'를 이용한 복제는 복제권 침해가 될 수 있다고 규정하고 있다.[69]

이 조문을 문리적으로 해석하면, 도서관 등 공공장소에 설치된 복사기기를 통한 복제는 개인적 용도이더라도 저작권 침해가 될 수 있다. 경제적 여유가 있어 자신의 복사기기를 이용하는 사람은 저작권 침해가 아닌데, 공중용 복사기기를 이용하는 사람은 복제권 침해가 되는 셈이다.[70]

 교사가 교무실 복사기를 이용하여 취미 생활의 일환으로 악보를 복사하였다. 개인적 용도의 사적복제이므로 저작권법 제30조에 따라 괜찮은 것이 맞는가?

X '공중용 복사기기'를 사용하는 것은 제30조의 사적복제 요건은 충족하지 못한다.

---

69) '공중의 사용에 제공하기 위하여 설치된 복사기기에 의한 복제는 그러하지 아니하다.'
70) 이와 같은 조문의 문제점에 대해서는 최진원(2018), "복제 기술의 발전과 저작권적 균형점에 대한 재고", 경제규제와 법 11(2), 317-335면 참조.

③ 컴퓨터프로그램에는 제30조가 적용되지 않는다.

개인적 비영리라는 이유로 프로그램을 복제하여 사용하는 것이 무제한 허용된다면, 저작권자의 이익을 심대하게 해치게 된다. 컴퓨터프로그램에 대해서는 제30조가 적용되지 않고 별도의 특례가 있는데(제101조의3) '가정과 같은 한정된 장소에서 개인적인 목적(영리를 목적으로 하는 경우를 제외한다)으로 복제하는 경우'를 허용하고 있지만, '저작재산권자의 이익을 부당하게 해치는 경우에는 그러하지 아니하다.'는 단서를 주목할 필요가 있다.

> **저작권법**
>
> 제37조의2(적용 제외) 프로그램에 대하여는 제23조·제25조·제30조 및 제32조를 적용하지 아니한다.
> 제101조의3(프로그램의 저작재산권의 제한) ① 다음 각 호의 어느 하나에 해당하는 경우에는 그 목적상 필요한 범위에서 공표된 프로그램을 복제 또는 배포할 수 있다. 다만, 프로그램의 종류·용도, 프로그램에서 복제된 부분이 차지하는 비중 및 복제의 부수 등에 비추어 프로그램의 저작재산권자의 이익을 부당하게 해치는 경우에는 그러하지 아니하다.
> 4. 가정과 같은 한정된 장소에서 개인적인 목적(영리를 목적으로 하는 경우를 제외한다)으로 복제하는 경우

사적복제의 허용(제30조)

구분	요건	예시
허용되는 사적복제 (제30조)	비영리 개인적 이용(or 가정 및 이에 준하는 한정된 범위 안)을 위한 복제	수업 필기 개인 소장을 위한 녹음·녹화
허용되지 않는 복제	개인적 비영리 목적이 아닌 경우 복제물을 다른 사람과 공유하는 경우 공중용 복사기기를 이용한 복제 컴퓨터프로그램의 복제	회사의 업무를 위한 복제, 복사집에서 판매를 위한 복제 P2P, 토렌트 등을 통해 복제와 동시에 업로드하는 경우 도서관 등 공공장소에 설치된 복사기를 이용한 복제 개인적 이용을 위한 MS 오피스 복제

Q 학교에 MS 오피스 정품 프로그램이 있어서, 가족 컴퓨터에 설치해주고자 복제해 왔다. 비영리이므로 저작권법 제30조 사적복제에 해당한다고 생각하는데 맞는가?

X 컴퓨터프로그램에 대해서는 저작권법 제30조가 적용되지 않는다. 실무적으로는 프로그램의 라이선스를 확인하면 좋을 것이다.

 **나도 전문가** | **컴퓨터프로그램 특례 : 제30조와 제101조의3의 차이점**

양자의 가장 큰 차이는 '저작재산권자의 이익을 부당하게 해치는 경우에는 그러하지 아니하다.'는 단서의 유무이다. 제30조 사적복제는 복제 기술의 발전으로 저작권자에게 지나친 피해를 준다는 비판이 많다. 컴퓨터프로그램은 비영리·개인적 복제이더라도 저작권자의 이익을 부당하게 해치는 경우라면 저작권 침해가 된다.

뿐만 아니라 두 조문을 잘 비교해보면 제30조에는 '개인적으로 이용하거나 가정 및 이에 준하는 한정된 범위 안에서 이용하는 경우'라고 되어있어 제101조의3 '가정과 같은 한정된 장소에서 개인적인 목적으로 복제'보다 다소 넓게 규정되어 있다. 즉 제30조는 자신이 이용하는 경우뿐만 아니라 '가정 및 이에 준하는 한정된 범위 안에서 이용하는 경우'까지 허용하고 있는 것이다.[71] 반면, 컴퓨터프로그램은 가정과 같은 한정된 장소에서 '개인적인 목적'으로만 복제할 수 있다는 점에서 차이가 있다.

---

71) '가정 및 이에 준하는 한정된 범위'는 가정과 같이 한정된 장소에서 강한 유대감이 있는 소수이어야 한다고 해석된다. 이에 대한 상세한 설명은 임원선(2017), 실무자를 위한 저작권법(5판), 한국저작권위원회, 261면.

3) 저작물 이용 시 주의 사항

이상에서 살펴본 교과용 도서에의 저작물 게재, 수업(지원)목적 저작물 이용과 인용·공정이용, 비영리 공연, 사적복제 등은 법 제23조 내지 제35조의3에 규정된 저작'재산권' 제한 사유 중 하나이다. 저작재산권 제한 조항에 근거하여 허락 없이 이용할 수 있을 때에도 몇 가지 주의 사항이 있다.

① 먼저 **저작인격권**을 존중해야 한다. 저작'재산권' 제한 조항이 저작'인격권'까지 제한하는 것은 아니기 때문이다(저작권법 제38조).
② 두 번째로 **출처명시** 의무가 있다. 이상에서 제25조와 제32조, 그리고 제28조·제35조의3, 제29조, 제30조 등을 중점적으로 살펴보았는데, 이 경우는 모두 그 출처를 명시할 의무가 있다(저작권법 제37조).
③ 세 번째는 **컴퓨터프로그램**에 대해서는 제25조, 제30조 등은 적용되지 않는다는 점이다(저작권법 제37조의2). 컴퓨터프로그램은 수업목적이라고 하더라도 학생들에게 복제하여 나눠주는 것은 곤란하다.

가) 저작인격권

창작자에게는 저작인격권과 저작재산권이 주어진다. 사적복제나 비영리 공연 등 저작재산권 제한 조항에 근거하여 저작권자의 허락 없이도 이용할 수 있는 경우, 자칫 저작인격권을 간과하지 않도록 유의해야 한다.
저작인격권에는 공표권, 성명표시권, 동일성유지권 등이 있다.

> **저작권법**
> 제38조(저작인격권과의 관계) 이 관 각 조의 규정은 저작인격권에 영향을 미치는 것으로 해석되어서는 아니 된다.

(1) 공표권

공표권이란 저작자가 저작물의 공표 여부를 결정할 수 있는 권리이다. 공표를 원치 않는데 제3자가 공표한다면 공표권 침해가 된다.
학교에서 미공표 저작물을 입수하여 이용하는 경우는 생각하기 힘들다. 위에서 살펴본 제25조와 제32조, 그리고 제28조, 제29조, 제30조 등도 모두 '공표된 저작물'만을 이용의 대상으로 허용하고 있으므로, 미공표 저작물을 이용할 경우 공표권 침해와 동시에 저작재산권 침해도 될 수 있다. 미공표 저작물의 공정이용 가능 여부 등 학문적으로는 흥미로운 쟁점들이 남아 있지만, 현실에서 미공표 저작물을 교사가 입수하여 이용하는 사례는 흔치 않기 때문에 이 책에서의 논의 실익은 크지 않다.

> **저작권법**
>
> 제11조(공표권) ① 저작자는 그의 저작물을 공표하거나 공표하지 아니할 것을 결정할 권리를 가진다.
> ② 저작자가 공표되지 아니한 저작물의 저작재산권을 제45조에 따른 양도, 제46조에 따른 이용허락, 제57조에 따른 배타적발행권의 설정 또는 제63조에 따른 출판권의 설정을 한 경우에는 그 상대방에게 저작물의 공표를 동의한 것으로 추정한다. 〈개정 2009. 4. 22., 2011. 12. 2.〉
> ③ 저작자가 공표되지 아니한 미술저작물·건축저작물 또는 사진저작물(이하 "미술저작물 등"이라 한다)의 원본을 양도한 경우에는 그 상대방에게 저작물의 원본의 전시방식에 의한 공표를 동의한 것으로 추정한다.
> ④ 원저작자의 동의를 얻어 작성된 2차적저작물 또는 편집저작물이 공표된 경우에는 그 원저작물도 공표된 것으로 본다.
> ⑤ 공표하지 아니한 저작물을 저작자가 제31조의 도서관 등에 기증한 경우 별도의 의사를 표시하지 않는 한 기증한 때에 공표에 동의한 것으로 추정한다. 〈신설 2011. 12. 2.〉

다만 최근 논란이 된 시험 문제 유출과 같이 범죄 행위가 수반되는 특수한 사례에서나 공표권 침해가 문제 될 수 있을 것이다. 참고가 될 수 있는 선례로 '토플 시험 문제' 사건이 있다. 시험이 종료된 이후 시험 문제를 회수하여 외부 반출을 금지했는데, 이를 어겨서 유출하는 경우 공표권 침해가 성립한다고 보았다. 토플 시험과 같이 문제지의 소지·유출을 허용하지 않고 종료와 동시에 회수하였다면 시험을 치르는 행위만으로 공표라 할 수 없고, 해당 시험 문제를 미공표 상태로 볼 수 있다고 판시한 것이다.

토플 시험 문제 사건[서울고등법원 1995. 5. 4. 선고 93나47372 판결]

> 공표란 저작물을 공연, 방송 또는 전시 그 밖의 방법으로 일반 공중에게 공개하는 경우와 저작물을 발행하는 경우를 말하는데, 원고는 토플 시험 응시생들에게 문제지의 소지, 유출을 허용하지 아니하고서 그대로 회수함으로써 시험 문제를 공중에게 공개되는 것을 방지하고 있고, 시험이 실시된 후에 원고 자체의 판단에 따라 재사용 여부나 공개 여부, 공개 시기 등을 별도로 정하고 있는 사실은 앞에서 본 증거로 인정할 수 있으므로… 시험을 치르는 행위만으로 공표라 할 수 없고, 달리 원고의 토플 문제가 일반 공중에게 공개되었다거나 발행되었음을 인정할 아무런 증거가 없다.

(2) 성명표시권

성명표시권은 저작자가 저작물의 저작자임을 주장할 권리이다. 법문상으로는 표시할 권리라고 되어 있으나, 저작자가 무명(無名)저작물로 자신의 성명을 표시하지 않기를 원하는 경우에는 그에 따라야 한다. 따라서 저작자는 성명표시방법의 결정권을 가진다.[72] 저작물을 이용할 때 저작자의 성명표시권을 존중해 주어야 함은 물론이다.

> **저작권법**
> 제12조(성명표시권) ① 저작자는 저작물의 원본이나 그 복제물에 또는 저작물의 공표 매체에 그의 실명 또는 이명을 표시할 권리를 가진다.
> ② 저작물을 이용하는 자는 그 저작자의 특별한 의사표시가 없는 때에는 저작자가 그의 실명 또는 이명을 표시한 바에 따라 이를 표시하여야 한다. 다만, 저작물의 성질이나 그 이용의 목적 및 형태 등에 비추어 부득이하다고 인정되는 경우에는 그러하지 아니하다.

학교 현장에서 '성명표시권' 침해 사례는 비교적 흔하게 일어났었다. 특히 학생들의 작품을 이용함에 있어 성명을 표시하지 않는 경우가 종종 발견된다. 예컨대 학생이 그린 그림을 전시하는 경우에도 저작자의 성명은 표시해주어야 한다. 과거 교과서에 학생 글을 수록하면서 저작자 본명을 적어주지 않았다가 법원에서 성명표시권 침해가 인정된 바 있다. 교과서에 저작물을 게재하는 것은 허락을 받지 않고 가능할지라도(제25조 제1항), 저작자의 성명표시권은 이와는 별도로 존중되어야 함을 보여준 사례이다.

> **교과서에 수록할 때에도 저작자 성명은 표시해 줘야 – 윤정아 사건**
> **[서울민사지방법원 1987. 12. 17. 선고 87가합466 판결]**
>
> 원고(윤정아)가 국민학교 6학년 재학 중 "내가 찾은 할아버지의 고향"이라는 제목의 산문을 창작하였는데, 국민학교 3학년 교과서에 제목을 '찾아야 할 고향'으로 고치고 지은이를 "3학년 4반 황정아"라고 새로이 써넣어 1982년부터 1987년까지 발행되었다.
> 피고 대한민국은 '국민학교 국어교과서에 있어서는 실린 글의 지은이의 실명을 밝히게 되면 그 지은이에게 우월감, 영웅심을 갖게 하는 등 교육상 좋지 않은 영향을 미칠 우려가 있어서 이를 고려하여 지은이의 실명을 밝히지 않는 것이 관례이고 다만 국민학생들에게

---

[72] 이해완(2019), 저작권법, 박영사, 466면. 박성호(2017), 저작권법, 박영사, 275면.; 법원에서는 저작물에 자신의 이름을 표시하지 않고 자신이 운영하는 업체의 상호를 표시한 것에 대하여, 이용자가 상호를 표시하면 된다고 본 사례가 있다[서울고등법원 2016. 11. 24. 선고 2016나2003971 판결].

소속과 이름을 쓰는 위치와 형식을 가르쳐 주기 위하여 가공의 이름을 지은이로 표시하여 놓은 것일 뿐'이라고 항변하였으나, 이러한 사정만으로는 저작자에게 전속되는 저작물의 창작자임을 주장할 수 있는 권리를 침해하는 정당한 사정이 될 수 없다며 창작자임을 주장할 권리(구 저작권법 제14조의 귀속권)를 침해하였다고 판결하였다.

학교에 설치되어 있는 조각상, 벽화 등에도 저작자의 성명이 누락된 것이 없는지 다시 한번 확인할 필요가 있다. MBC 무한도전에도 소개된 바 있는 높이 82m의 경주세계문화엑스포 상징물 '경주타워'는 황룡사 9층 탑 건립의 의미를 현대적으로 재해석하여 설계한 것으로, 저작자 성명이 표시되지 않았다가, 소송 끝에 이름이 적힌 청동 명판을 부착한 바 있다[2011다32747 판결].

설계설명서(사진1)과 경주타워(사진2)(출처 : 법률신문 2012. 10. 16.)

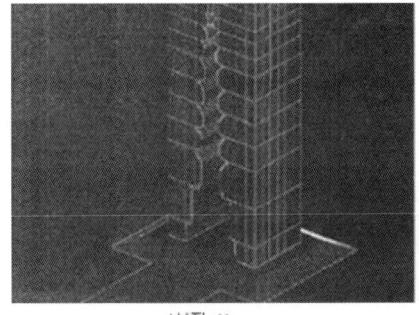
<사진 1>

<사진 2>

도움말

인터넷상에 올려진 자료를 이용할 때에는 성명표시를 어떻게 해야 하나?

인터넷 자료를 이용할 때, 성명표시나 출처명시를 어떻게 해야 하는지 질문하는 교사가 많다. 웹사이트 주소와 작성자 ID를 적어주는 정도로 문제가 없다는 판례는 큰 도움이 된다. 예컨대 소위 '썸네일 이미지' 사건[서울고등법원 2005. 7. 26. 선고 2004나76598 판결]에서 '수집한 웹사이트 주소를 출처로 명시하고 있는 이상' 성명표시권을 침해한 것이라고 볼 수 없다는 판결이 있다. 또한 인터넷에 게시된 저작물을 이용함에 있어 ID만 표시한 사례에 대해 적절한 표시로 인정한 사례도 있다[서울지방법원 2000. 1. 21. 선고 99가합52003 판결].

(3) 동일성유지권

동일성유지권은 저작자가 저작물의 내용·형식 및 제호의 동일성을 유지할 권리를 말한다. 저작물의 완전성을 유지하고 타인에 의하여 변경을 당하지 않을 권리를 포함한다.[73]

> **저작권법**
>
> 제13조(동일성유지권) ① 저작자는 그의 저작물의 내용·형식 및 제호의 동일성을 유지할 권리를 가진다.
> ② 저작자는 다음 각 호의 어느 하나에 해당하는 변경에 대하여는 이의(異議)할 수 없다. 다만, 본질적인 내용의 변경은 그러하지 아니하다. 〈개정 2009. 4. 22.〉
> 1. 제25조의 규정에 따라 저작물을 이용하는 경우에 학교교육 목적상 부득이하다고 인정되는 범위 안에서의 표현의 변경
> 2. 건축물의 증축·개축 그 밖의 변형
> 3. 특정한 컴퓨터 외에는 이용할 수 없는 프로그램을 다른 컴퓨터에 이용할 수 있도록 하기 위하여 필요한 범위에서의 변경
> 4. 프로그램을 특정한 컴퓨터에 보다 효과적으로 이용할 수 있도록 하기 위하여 필요한 범위에서의 변경
> 5. 그 밖에 저작물의 성질이나 그 이용의 목적 및 형태 등에 비추어 부득이하다고 인정되는 범위 안에서의 변경

교육목적이라고 하여 '창작자의 의도'를 왜곡하거나 저작물의 '본질적인 부분'을 변경하면 안 된다. 교육 현장에서는 지면의 제약 등의 사유로 인하여 일부만 이용하는 경우가 많다. 단순한 부분적 이용을 위법이라고 할 수는 없지만,[74] 자칫 원저작자의 사상·감정, 의견을 왜곡하거나 내용·형식이 오인되지 않도록 주의해야 하는 것이다.

한상진 사건[서울고등법원 1994. 9. 27. 선고 92나35846 판결]

> KBS 21세기 강좌를 신설하여 서울대 교수인 원고에게 의뢰하여 63분 녹화한 뒤, '원고가 주장하는 중요한 부분을 일관성 없이 23분 분량 임의로 삭제 수정'한 것은 저작인격권 침해라고 할 수 있다고 판시.

---

73) 대법원 1989. 10. 24. 선고 89다카12824 판결.
74) 대법원 2015. 4. 9. 선고 2011다101148 판결.

학생의 글이나 그림을 교사가 수정해 주는 경우가 있는데, 설령 고쳐진 내용이 원래의 것보다 좋아졌더라도 저작자의 동의 없이 삭제·추가·변경하는 것은 허용되지 않는다. 변경이 부득이 하다면 사전에 동의를 구하는 등의 노력이 필요하다. 즉 동의한 범위 내에서의 변경은 동일성유지권 침해가 되지 않는다.

이때 동의는 명시적인 것이 바람직하겠으나, 묵시적으로도 가능하다. 예컨대 '금성출판사 교과서 수정 사건'을 보면, 교육과학기술부장관은 교과서의 일부 내용을 수정하도록 권고하였으나 집필자들이 수정 권고를 수용하지 않았고, 이에 교육과학기술부장관은 금성출판사에게 수정지시를 하였고 금성출판사는 교과서를 수정하여 발행·배포하였다. 이에 저작자들은 동일성유지권 침해를 주장한 사건인데, 법원은 묵시적 동의가 있었음을 이유로 침해를 인정하지 않았다. 저작자가 출판계약에서 행정처분을 따르는 범위 내의 저작물 변경에 동의한 경우, 위법하지만 당연 무효라고 볼 수 없는 행정처분에 따른 계약 상대방의 저작물 변경이 저작자의 동일성유지권 침해에 해당하지 않는다고 본 것이다.

> **동일성유지권과 묵시적 동의- 금성출판사 교과서 수정 사건**
> **[대법원 2013. 4. 26. 선고 2010다79923 판결]**
>
> 동의 여부 및 동의의 범위는 출판계약의 성질·체결 경위·내용, 계약 당사자들의 지위와 상호관계, 출판의 목적, 출판물의 이용실태, 저작물의 성격 등 제반 사정을 종합적으로 고려하여 구체적·개별적으로 판단하여야 하는데, 이 사건에서 저작자들은 2001. 12. 8. 한국교육과정평가원에 이 사건 교과서의 검정 신청을 하면서, '이 사건 교과서의 저작권 및 발행권 행사에 있어서, 교과용 도서의 원활한 발행·공급과 교육 부조리 방지를 위한 교육인적자원부장관의 지시사항을 성실히 이행할 것에 동의하고, 이를 위반할 때에는 발행권 정지 등 어떠한 조치도 감수할 것을 다짐한다.'는 내용의 동의서를 작성하여 제출하였는바, 행정처분에 따르는 범위 내에서 저작물 변경에 동의한 것이라고 본다.

다만 동일성유지권은 학교교육 목적상 부득이하다고 인정되는 범위 안에서의 표현의 변경이 가능하고, 그밖에 저작물의 성질이나 그 이용의 목적 및 형태 등에 비추어 인정되는 범위 안에서 변경도 가능하다. 예컨대 학년별 난이도에 따라 어려운 표현을 쉽게 하거나 사회도덕관념에 반하는 표현을 순화하는 것 등이 가능하다.[75]

---

75) 이해완(2019), 514면.

나) 출처명시 의무

> **저작권법**
>
> 제37조(출처의 명시) ① 이 관에 따라 저작물을 이용하는 자는 그 출처를 명시하여야 한다. 다만, 제26조, 제29조부터 제32조까지, 제34조 및 제35조의2의 경우에는 그러하지 아니하다. 〈개정 2011. 12. 2.〉
> ② 출처의 명시는 저작물의 이용 상황에 따라 합리적이라고 인정되는 방법으로 하여야 하며, 저작자의 실명 또는 이명이 표시된 저작물인 경우에는 그 실명 또는 이명을 명시하여야 한다.

교과용 도서에 저작물을 게재하거나 수업(지원)목적으로 저작물을 이용하는 경우(제25조), 다른 사람의 저작물을 인용하는 경우나(제28조) 공정이용 일반조항에 따라 이용할 때(제35조의3) 이용 상황에 따라 합리적이라고 인정되는 방법으로 출처를 명시해야 한다.(비영리 공연(제29조), 사적복제(제30조) 등의 경우 출처명시 의무가 없다.)

예컨대 제25조에 따라 저작권자의 허락 없이 저작물을 게재할 수 있는 교과서에도 출처는 명시하고 있다.[76] 출처명시를 하지 않으면 5백만 원 이하의 벌금에 처해질 수 있다.[77]

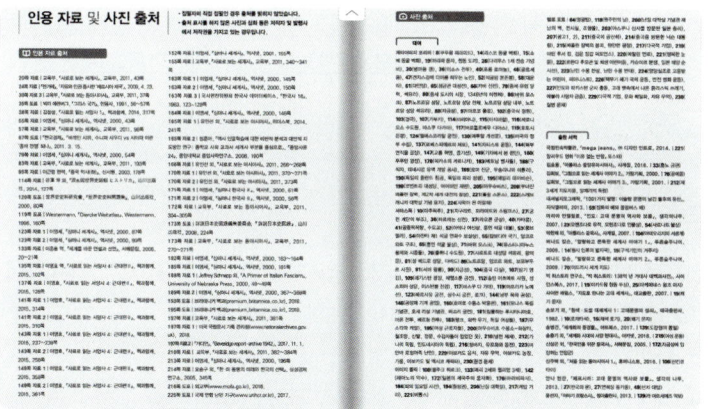

교과서 맨 뒷면(출처 : 금성출판사, 중학교 역사②)

---

76) '합리적이라고 인정되는 방법'으로 표시한 것인지에 대해서는 이견이 있다. 제37조(출처의 명시) ② 출처의 명시는 저작물의 이용 상황에 따라 합리적이라고 인정되는 방법으로 하여야 하며, 저작자의 실명 또는 이명이 표시된 저작물인 경우에는 그 실명 또는 이명을 명시하여야 한다.
77) 제138조(벌칙) 다음 각 호의 어느 하나에 해당하는 자는 500만 원 이하의 벌금에 처한다. 2. 제37조(제87조 및 제94조에 따라 준용되는 경우를 포함한다)를 위반하여 출처를 명시하지 아니한 자. ; 친고죄이므로 피해자의 고소가 있어야 처벌된다.

출처명시 방법에 대해 단지 '합리적이라고 인정되는 방법으로' 하라고만 되어 있을 뿐, 구체적인 방법은 관행에 따르게 된다.

문화체육관광부 가이드라인(2015)에서는 저작자 성명뿐만 아니라 저작물의 제목, 수록 매체, 발행 일자 등을 표시하라고 권고하고 있지만,[78] 신문이나 정기간행물의 경우에는 간략하게 저작자와 제호만 적어주기도 한다.

획일적인 기준은 없는 가운데, 인터넷에서 검색된 자료의 경우 '웹사이트 주소'를 나타내는 것만으로 출처명시를 준수한 것으로 본 판례가 있다. 가급적 피인용저작물에 직접 출처를 적어주어야 하며, '본서의 집필에 ~~등을 참고하였다.'와 같이 표시하는 것만으로는 부족하다.

> **드림위즈 사건[서울중앙지방법원 2005. 8. 25. 선고 2004가합86819 판결(항소취하)]**
>
> 썸네일 이미지에 저작자인 원고의 실명을 표시하지 아니한 사실은 당사자 사이에 다툼이 없으나, 이 사건 사진과 같이 인터넷에서 검색된 이미지의 출처명시는 원래의 이미지가 수집된 웹사이트의 주소를 나타내는 것으로 충분하다고 할 것이고,...썸네일 이미지를 선택하면 큰 이미지가 나타나고 그 아래에는 제목, 이미지 설명과 더불어 원고 웹페이지의 주소와 원본 이미지의 주소가 표시되므로, 피고들이 출처명시의무를 위반했다고 할 수 없다.

다) 프로그램에 관한 특례

컴퓨터프로그램에 대해서는 제25조·제30조 및 제32조 등이 적용되지 않는다. 대신 프로그램에 대해서는 제101조의3 내지 제101조의5에서 저작권 제한 사유를 규정되어 있다.[79] 제101조의3 제1항에서는 제2호 학교교육 목적 등을 위한 복제 또는 배포, 제3호 교과용 도서 게재, 제4호 사적 이용을 위한 복제, 제5호 입학시험 기타 검정 목적의 복제 또는 배포 등을 규정하며, 제3항에서는 교과용 도서에 게재에 대한 사항을 언급한다. 이 중 학교와 관련성이 큰 사항은 제101조의3 제1항 제2호와 제3호이다.

---

78) 문화체육관광부 가이드라인(2015), 3면. 저작물의 명칭, 저작자, 수록 매체(도서명, 홈페이지 주소 등), 발행일자 등 출처를 누구나 인식할 수 있도록 표시.
79) 제101조의4(프로그램코드역분석), 제101조의5(정당한 이용자에 의한 보존을 위한 복제 등).

제25조와 달리 수업지원 목적 이용에 대한 사항이 없고, 교육기관의 범위도 상대적으로 좁다. 수업목적 이용에 있어서 복제·배포만 허용되며, 교육을 받는 자를 위한 조항도 없다. 따라서 수업과 관련이 있다고 하더라도 프로그램을 게시판에 올리는 것은 허용되지 않는다.

> **저작권법**
>
> 제37조의2(적용 제외) 프로그램에 대하여는 제23조·제25조·제30조 및 제32조를 적용하지 아니한다. [본조신설 2009. 4. 22.]
>
> 제101조의3(프로그램의 저작재산권의 제한) ① 다음 각 호의 어느 하나에 해당하는 경우에는 그 목적상 필요한 범위에서 공표된 프로그램을 복제 또는 배포할 수 있다. 다만, 프로그램의 종류·용도, 프로그램에서 복제된 부분이 차지하는 비중 및 복제의 부수 등에 비추어 프로그램의 저작재산권자의 이익을 부당하게 해치는 경우에는 그러하지 아니하다.
> 1. 재판 또는 수사를 위하여 복제하는 경우
> 2. 「유아교육법」, 「초·중등교육법」, 「고등교육법」에 따른 학교 및 다른 법률에 따라 설립된 교육기관(상급학교 입학을 위한 학력이 인정되거나 학위를 수여하는 교육기관에 한한다)에서 교육을 담당하는 자가 수업과정에 제공할 목적으로 복제 또는 배포하는 경우
> 3. 「초·중등교육법」에 따른 학교 및 이에 준하는 학교의 교육목적을 위한 교과용 도서에 게재하기 위하여 복제하는 경우
> 4. 가정과 같은 한정된 장소에서 개인적인 목적(영리를 목적으로 하는 경우를 제외한다)으로 복제하는 경우
> 5. 「초·중등교육법」, 「고등교육법」에 따른 학교 및 이에 준하는 학교의 입학시험이나 그 밖의 학식 및 기능에 관한 시험 또는 검정을 목적(영리를 목적으로 하는 경우를 제외한다)으로 복제 또는 배포하는 경우
> 6. 프로그램의 기초를 이루는 아이디어 및 원리를 확인하기 위하여 프로그램의 기능을 조사·연구·시험할 목적으로 복제하는 경우(정당한 권한에 의하여 프로그램을 이용하는 자가 해당 프로그램을 이용 중인 때에 한한다)
> ② 컴퓨터의 유지·보수를 위하여 그 컴퓨터를 이용하는 과정에서 프로그램(정당하게 취득한 경우에 한한다)을 일시적으로 복제할 수 있다. 〈신설 2011. 12. 2.〉
> ③ 제1항 제3호에 따라 프로그램을 교과용 도서에 게재하려는 자는 문화체육관광부장관이 정하여 고시하는 기준에 따른 보상금을 해당 저작재산권자에게 지급하여야 한다. 보상금 지급에 대하여는 제25조 제5항부터 제9항까지의 규정을 준용한다. 〈개정 2011. 12. 2.〉

라. 허락을 받으면, 이용할 수 있어요.

저작물의 이용을 위하여 저작재산권자와 계약을 체결하는 방법은 크게 3가지가 있다.
㉮ 저작재산권의 양도 ㉯ 배타적발행권(출판권) ㉰ 이용허락

학교에서도 저작물을 양도받는 경우가 없지는 않겠으나, 대부분 '이용허락'을 받고 이용하게 될 것으로 보인다. 따라서 본서에서는 '이용허락을 받는 방법' 위주로 살펴보도록 한다.

저작권자에게 허락을 받는 것은, 저작물 이용의 가장 기본적인 형태이다.

본 절에서는 신탁관리단체 등 권리자 탐색을 위한 몇 가지 팁을 알아보고, 권리자가 선제적으로 허락의 의사를 밝히는 '오픈라이선스'에 대해 살펴본다. 마지막으로 저작권자를 알 수 없거나 찾을 수 없는 고아저작물의 이용 방법으로 '법정허락'에 대해 소개한다.

 학습 내용

- 이용허락을 받아보자
  - 권리자 탐색의 도움말 : 집중관리단체, 저작권 찾기 사이트
  - 조건 협의 및 계약 체결 : 표준계약서를 참고
- 오픈라이선스
  - CCL, KOGL
  - cf. 저작권 기증, 포기
- 법정허락

1) 이용허락을 받아보자

 저작권자를 찾을 수가 없어서, 추후 보상하겠다는 취지의 글을 책 표지에 적어두었다. 허락을 받으려고 노력했고 사용료를 낼 의사도 밝힌 경우에도 저작권 침해가 되나?

저작물을 이용하기 위해서는 저작권자의 "사전 허락"이 필요하다. 추후 정품을 구입하거나, 저작권료를 정산하겠다는 의사나 표시만으로는 합법적 이용이 되지 않는다.

저작물 이용의 원칙적인 모습은 저작권자에게 사전에 허락을 받는 것이다. 정당한 권리자로부터 이용허락을 받으면, 허락받은 '이용 방법 및 조건의 범위 안'에서 그 저작물을 이용할 수 있게 된다(제46조).

사전(事前) 허락을 원칙으로 하므로, '나중에 저작권료를 지불하겠다.'는 일방적 통지나 기재로는 부족하다.

가) 복잡한 권리관계

 아이들이 좋아하는 아이돌 가수의 노래를 허락받고 인터넷에 전송하려고 한다. CD에 작곡자로 적혀있는 분을 찾아 허락받았으면 저작권 문제는 해결된 것인가?

X 음악저작물의 저작권자는 작곡자, 작사가, 편곡자 등이 있다. 그 외에도 가수, 연주자 등 실연자에게도 허락을 받아야 하며, 음반제작자도 저작인접권으로 전송권을 가지고 있다. 더구나 또한 저작권이 양도되거나 신탁되어 있는 경우도 있어 작곡자로 적혀있는 사람에게 허락을 받은 것만으로는 음악저작물의 권리처리가 되었다고 보기 어렵다.

이용허락을 받기 위해서는 우선 권리자가 누구인지 확인하고[80] 그와 연락이 되어야 한다. 공동저작물과 같이 허락을 받아야 하는 저작권자가 여러 명인 경우도 흔하다. 그런데 양도·상속 등의 사유로 권리관계가 복잡한 경우가 많고, 창작에 참여한 사람들끼리 누가 저작권자인지 법정 다툼을 벌이기도 한다.[81] 게다가 음악이나 영상 등의 경우 저작인접권자도 확인해야 한다.

---

80) 저작권은 등록이 필수가 아니므로, 부동산등기부나 특허등록부와 같은 공시수단도 마땅치 않다.
81) 권리자임을 자처하는 사람이 나타나더라도 진정한 권리자 여부를 확인할 방법 또한 마땅치 않다. 저작권법에는 진정한 권리자를 인증해주는 권리인증 제도를 마련해두고 있기는 하나, 주로 콘텐츠 해외 수출 등 제한적인 역할만 가능하다. 제56조(권리자 등의 인증) ① 문화체육관광부장관은 저작물 등의 거래의 안전과 신뢰 보호를 위하여 인증기관을 지정할 수 있다.

권리자가 누구인지 확인이 되어도 소재를 파악하여 연락하는 것은 더욱 어려운 일이다. 실무에서는 저작권료보다 거래비용이 더 큰 경우도 많으며, 저작권자를 끝내 찾을 수 없는 경우도 드물지 않다.

저작권 이야기

"내가 바로 뽀로로 아빠야."

창작에 참여한 사람들이 저마다 저작권을 주장하는 경우도 많다. 누가 권리자인지 법정 다툼으로 이어지기도 한다.

어린이들에게 뽀통령으로 불린 뽀로로의 경우에도 결국 법원에 가서야 결론이 나왔다. 원화를 그린 '오콘'과 시나리오에 맞는 음악과 음향을 입히고 성우를 섭외하여 목소리를 녹음한 '아이코닉스'가 법정 소송까지 불사한 끝에 공동저작물이라는 법원의 판결이 내려진 것이다[서울고등법원 2013. 11. 21. 선고 2013나39638 판결(확정)].

뽀로로, 루피 등 등장 캐릭터의 시각적 생김새를 그린 것은 오콘이 맞지만, 법원은 "뽀로로 캐릭터가 가지는 외형적 모습 외에도 말투, 목소리, 동작 등의 요소 역시 단순한 아이디어가 아니라 캐릭터를 구성하는 구체적 표현에 해당한다."고 하였다. 아이코닉스도 캐릭터의 특유한 몸짓이나 말투, 행동양식, 성우의 녹음 등으로 형성되는 캐릭터의 목소리, 말투 등의 구체적인 표현 형식에 기여하였으므로, 오콘과 아이코닉스의 공동저작물이라고 본 것이다.

공동저작물의 권리 행사는 전원의 합의에 의하여 하게 되어 있다(제48조). 이용을 원한다면 오콘과 아이코닉스 양자 모두에게 허락을 구해야 하는 것이다.

뽀롱뽀롱 뽀로로(출처 : 아이코닉스 홈페이지)

나) 권리자를 찾아보자

(1) 신탁관리단체

저작권자를 알게 되어도 연락처와 같은 개인정보를 얻기는 어려우며, 실제 협상을 통해 허락을 받는 과정도 녹록지 않은 경우가 많다. 이때 신탁관리단체에 연락해보는 것은 도움이 될 수 있다.

신탁관리업자란 저작재산권자, 저작인접권자 등 권리자로부터 권리를 신탁받아 관리하는 자이다.[82] 신탁관리단체는 독과점적 지위를 가지고 있는바, 다수의 저작물을 한 곳에서 허락받을 수 있다는 점에서 거래비용을 크게 줄여준다.[83] 사용료도 문화체육관광부 승인을 받도록 하고 있어 지나친 이용료 요구를 사전에 차단한다.

문화체육관광부장관의 허가를 받아야만 저작권신탁관리업을 할 수 있으며, 현재 13개 단체만이 허가되어 있다.

---

82) cf. 저작권대리중개업자는 신탁을 받지는 않고, 권리의 이용에 관하여 중개행위를 하는 자이다.
83) 권리자가 신탁을 하게 되면 더 이상 이용허락을 할 수 없으며, 신탁관리단체만이 정당한 이용허락의 권한이 생긴다. 즉 신탁된 저작물을 이용하려면, 저작자가 아니라 신탁관리단체를 찾아가야 한다.

분야별 신탁관리단체와 연락처

분야	단체명	집중관리 분야	허가일	연락처
음악	한국음악저작권협회	음악저작자(작곡, 작사, 음악출판사)의 권리	'88. 2. 23.	02)2660-0400
	함께하는음악저작인협회	음악저작자(작곡, 작사, 음악출판사)의 권리	'14. 9. 12.	02)333-8766
	한국음반산업협회	음반제작자의 권리	'03. 3. 17.	02)3270-5900
			'01. 12. 27.(방송) '08. 3. 13.(디지털음성송신) '09. 9. 14.(공연)	
	한국음악실연자연합회	음악실연자 (가수, 연주자 등)의 권리	'00. 11. 14.	02)745-8286
		※보상금 수령단체	'88. 10. 14.(방송) '08. 3. 13.(디지털음성송신) '09. 9. 14.(공연)	
어문	한국문예학술저작권협회	어문, 연극, 영상, 미술, 사진 저작자의 권리	'89. 3. 16.	02)508-0440
	한국방송작가협회	방송작가의 권리	'88. 9. 20.	02)782-1696
	한국시나리오작가협회	영화시나리오 작가의 권리	'01. 9. 12.	02)2275-0566
	한국복제전송저작권협회	어문저작물의 복사권, 전송권의 관리	'00. 11. 14.	02)2608-2800
		※보상금 수령단체	'03. 10. 17.(도서관) '08. 3. 30.(교과서 및 학교 교육 목적 등)	
영상	한국영화제작가협회	영상제작자의 권리	'05. 11. 9.	02)2267-9983
	한국영화배급협회	영상제작자의 권리	'05. 11. 9.	-
방송	한국방송실연자협회	방송실연자 (탤런트, 성우 등)의 권리	'02. 2. 20.	02)784-7802
뉴스	한국언론진흥재단	뉴스저작자의 권리	'06. 6. 7.	02)2001-7114
공공	한국문화정보원	공공저작물 (정부, 지자체, 공공기관)	'13. 9. 23.	02)3153-2873

(2) '권리자 찾기' 사이트

한국저작권위원회는 등록 저작물 및 저작권 위탁관리업자 관리 저작물에 대한 정보를 한 번에 검색할 수 있는 '권리자 찾기' 사이트를 운영하고 있다(https://findcopyright.or.kr). 부족하나마 권리자 탐색에 도움이 된다.

권리자 찾기 사이트(2020. 1. 최종접속)

저작권 이야기

알렉산드리아 도서관의 꿈

▶ "도서관 아카이빙 사업 - 저작권료보다 권리자 탐색에 더 많은 비용이 소요."

2004년 12월 구글은 하버드 도서관 등 5대 도서관과 연합으로 이들 도서관들이 소장하고 있는 1,500만 권 이상의 도서를 디지털화하여 제공하는 '꿈의 도서관 계획'을 발표한 바 있다. 기원전 200년경 알렉산드리아 도서관의 꿈을 현세에 실현하려던 구글의 원대한 포부는 디지털화에 소요되는 비용이 아니라, 저작권의 벽에 가로막혀 지체되고 말았다.

정당한 저작권료를 납부하려는 이용자도 권리자를 탐색하는 비용을 감당하기 어려워하는 경우가 많다. 2009년 고아 저작물에 대한 유럽 위원회(European Commission)의 조사 과정에서 영국 국립 문서 보관소는 1,114부의 옛 유언장의 디지털화와 온라인 접근 가능성을 위한 저작권 처리에 35,000파운드와 2년을 소비하였으며, 네덜란드 Beelden voor de Toekmost(images for the future)에서 시(청)각자료의 주요한 디지털화 사업의 일부분으로서 500,000장의 사진과 5,000편의 영화를 위한 권리를 처리하는 데 드는 3명의

전담직원이 4년 동안 625,000유로의 비용을 소요할 것으로 추정하였다. 네덜란드에서는 1,000부의 네덜란드 역사 편람(handbooks)의 디지털화를 추진했으나 5개월 동안 단 50권에 대해서만 권리자를 찾아 이용허락을 받을 수 있었다.[84] 카네기멜론대학 도서관은 디지털화 작업을 시도하는 과정에서 작업대상 도서 중 22%가 발행자를 찾을 수 없다는 사실을 알게 되었다. 디지털화에 필요한 예산보다 권리처리에 소요되는 비용이 더욱 높아 타이틀당 대략 200달러가 이용허락에 소요되었다. 코넬대학 도서관에서는 343개의 논문을 디지털화하기 위해 이용허락을 얻는 비용으로 5만 불이 소요되었다고 하고, 그럼에도 여전히 대상 논문의 58%는 저작권자를 확인할 수 없었다.[85]

다) 조건 협의 및 이용허락 계약

(1) 협상 및 계약 체결

권리자와 연락이 되었으면, 조건을 협의하고 이용허락을 받으면 된다. 이용허락의 조건은 권리자와 협의하여 결정하게 된다. 교육목적의 경우 상대적으로 낮은 사용료로 허락해주는 경우가 많으며, 무상 이용을 허락해주는 권리자도 있다.

하지만 협의 과정에서 권리자와 이용자 생각이 다른 경우가 많은 것은 물론이다. 권리자가 무리한 요구를 하게 되면 이용은 불가능해진다.

> **도움말** ▶ **이용조건 협상의 기준 – 신탁관리단체의 사용료징수규정, 표준계약서**
>
> 적정 사용료 협상의 시작점은 신탁관리단체의 사용료징수규정을 참고할 수 있다 (단체 홈페이지에서 무료 열람 가능). 문화체육관광부장관의 승인을 얻어야 하기 때문에 최소한의 공정성이 담보되는바, 현재 단체의 사용료는 시장가보다 다소 낮은 수준으로 정해져 있다.
> 계약서에는 계약의 대상, 이용허락 기간, 자료 인도 등 권리자의 의무와 사용료 납부 등 이용자의 의무 등을 적는 것이 일반적이다. 문화체육관광부 저작권 표준계약서를 활용하면 편리하다. 한국저작권위원회 홈페이지에서 무료로 다운로드 가능하다.

---

84) 임광섭, "유럽 내 고아 저작물(orphan works)문제와 권리 처리(rights clearance) 비용의 현황", Copyright Issue Report 제15호, 2-5면.
85) Gowers, Andrew, Gowers Review of Intellectual Property, The Stationery Office, 2006., p. 70 참조.

저작권 표준계약서(한국저작권위원회 홈페이지)

(2) 허락받은 범위에서 이용

허락을 받은 범위에서만 이용할 수 있음은 물론이다. 교육 현장에서는 부주의로 인하여 허락을 받은 범위를 넘어선 이용 사례가 발생하고 있다. 예컨대 서책으로 인쇄할 것을 허락받았는데 홈페이지에 올렸다가 문제가 된다거나, 학교만 사용하도록 주체를 한정하여 허락했는데 대국민 개방을 하는 바람에 누구나 사용할 수 있게 되면서 문제가 되는 경우 등의 경우가 있다.

최근 논란이 되고 있는 폰트 파일에 대한 분쟁 중에도 정품 SW를 구입하였음에도 불구하고, 이용 범위를 초과했다는 이유로 경고장을 발송하는 경우가 있다. CCL과 같이 소위 Copyright Free라고 알려진 저작물들도 비영리, 변경금지, 출처 표시 등 기재되어 있는 이용 범위 · 조건을 준수해야 한다[제2장 라. 2) 가), 나) 참조].

이처럼 이용허락을 받은 경우에도 그 범위와 조건을 확인해야 한다.

 교육청에서는 과거 출판했던 연구보고서를 스캔해서 홈페이지에 올리려고 한다. 당시 집필자로부터 복제 · 배포에 대한 허락을 받아두었다. 저작권자에게 허락을 받았으니 문제가 없다고 생각한다. 맞는가?

X 허락을 받은 것은 오프라인 서책을 위한 '복제 · 배포'인데, 이용하려는 것은 홈페이지에 업로드이므로 공중송신에 대한 추가 허락이 필요하다.

나도 전문가

'창작물 공모전' 저작권 가이드라인

Q 학교에서 공모전을 개최하려고 준비 중이다. 저작권 문제를 미연에 방지하기 위해서는 '출품작의 저작권은 학교에 모두 귀속된다.'고 미리 적어놓는 것이 바람직한가?

X 저작권법의 문제라기보다는 '불공정약관'의 문제가 있다.
학교의 편의를 위해서는 이용허락보다 저작권 양도를 받는 것이 유리하겠지만, 정당한 대가도 없이 양도를 강요하는 것은 불공정한 약관이므로 지양해야 한다.

조건을 협의하는 과정에서 이용자가 소위 '갑'이 되는 경우도 있다. 대표적으로 과거 일부 공모전 주최자가 입상작에 대한 저작권을 모두 가져가는 것이 문제 된 바 있다. 심지어는 공고문에 수상에 실패한 응모작에 대해서도 저작권이 주최 측에 귀속된다는 경우도 있었다. 이는 우월적 지위를 악용한 불공정행위에 해당할 수 있다. 학교 등 교육 현장에서 편의를 위해 이와 같은 행동을 하는 것은 재고되어야 한다.

문화체육관광부 · 한국저작권위원회는 '창작물 공모전 가이드라인'을 통해, '정당한 대가'를 지급하고 '필요한 최소한의 범위'만 이용허락 받도록 하여, 학생 등 응모자의 권리를 보장하도록 권고하고 있다. 일방적 고지를 통해 필요 이상의 권리를 양도받는 것은 적절치 않다. 정당한 대가조차 지급하지 않았다면 이는 약관규제법 위반에 해당하는 불법적 행위가 된다.

'창작물 공모전 가이드라인'(문화체육관광부 · 한국저작권위원회)

공모전에서 입상한 응모작을 이용하기 위해, 공모전 주최는 필요한 범위 내에서 해당 응모작에 대한 이용허락을 받는 것을 원칙으로 한다. 다만, 이용허락을 하는 경우, 공모전 주최는 저작권자인 응모자의 권리를 지나치게 해하여서는 아니 되며, 그에 상응하는 보상을 하여야 한다.[86]

예시
- 주최 측은 입상작에 대하여 입상작에 대한 발표일로부터 1년간 복제 및 전송할 수 있다.
- 주최 측은 선정된 작품을 주최 측의 홈페이지와 과월호 잡지에 게재할 수 있다.
- 주최 측은 입상작에 대한 저작재산권을 합당한 보상을 전제로 우선적으로 양수할 수 있다. 이때, 양도 여부, 범위 및 그 대가에 대해서는 추후 입상자(저작자)와 별도 협의를 통해 정한다.

---

86) 정당한 대가를 지급하지 않는 양도 · 이용허락은 불공정약관으로 무효가 될 수 있다는 것이 공정거래위원회의 입장이기도 하다.

2) 오픈라이선스 - 권리자가 미리 허락의 의사를 표시

CCL 표시가 되어 있는 저작물은 모두 마음대로 변형해서 이용해도 되는가?

CCL에는 4가지 이용방법과 조건이 있다. 그중 변경 금지도 있다. ⊖ 변경 금지가 조건으로 설정되어 있다면, 변형하여 이용하기 위해서는 별도의 허락을 받아야 한다.

저작권자가 미리 허락의 의사를 밝혀놓는 경우가 있다. 이와 같은 소위 '오픈라이선스'가 있다면, 별도의 교섭·계약 없이도 바로 적법한 이용이 가능하다.[87]

널리 알려진 CCL(Creative Commons License)이 대표적인 오픈라이선스이다. 그 외에도 우리나라는 공공저작물에 적용하기 위해 KOGL을 개발하였는데 내용은 CCL과 유사하다.

이용허락과 오픈라이선스

이용허락 절차 : 권리자 탐색 → 범위 및 조건 등 개별 협상 후 합의(계약 체결)
오픈라이선스(권리자의 이용허락 포괄적 의사표시) : 교섭 없이 이용(범위, 조건 준수)

가) CCL

로렌스 레식 미국 스탠포드대학 교수가 창안한 오픈라이선스의 표준으로 세계적으로 널리 알려진 방식이다.

CCL에는 4가지 이용방법과 조건이 있다. 첫째, 저작자 표시, 둘째, 비영리적 목적, 셋째, 변경 금지, 넷째, 동일조건 변경 허락 등이다. 저작권자의 의지에 따라 4가지 조건 가운데 필요한 걸 조합해서 쓰면 되는데, 총 6가지 라이선스가 가능하다.

이용자는 권리자가 미리 밝혀놓은 조건만 준수하면, 별도로 허락을 받을 필요 없이 저작물을 이용할 수 있다.

---

[87] 정진섭 외, 『CCL과 클린사이트 가이드라인』, 저작권보호센터, 2009, 35면.

CCL의 이용허락 조건(4가지)와 이를 조합한 CC라이선스 6가지

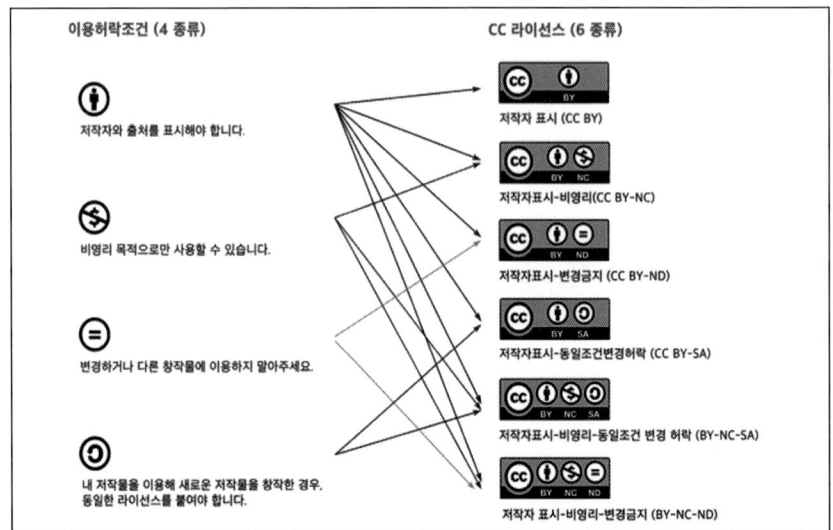

나) KOGL(Korea Open Government License)

국가 · 지방자치단체 · 공공기관 등은 보유 관리하고 있는 공공저작물을 국민들이 쉽고 편리하게 이용할 수 있도록 개방하려고 노력한다. 공공저작물 자유이용 허락 표시(KOGL)는 공공기관 등이 미리 저작물 이용허락의 의사를 밝히는 것이다.

문화체육관광부에서는 4가지 유형을 마련하고 공공누리 표시마크를 개발하여 아래와 같이 고시하였다. 공공누리 표시가 되어 있는 저작물은 공공기관 등이 이용허락의 의사를 밝힌 것이므로, 이용자들은 별도로 허락을 받을 필요 없이 이용할 수 있다.

다만 CCL 등 여타 오픈라이선스와 마찬가지로 제시된 이용 조건은 준수해야 하는 것은 물론이다. 이용허락의 조건 중 어느 하나라도 위반한 경우 이용허락이 자동으로 종료되며, 이용자는 즉시 공공저작물의 이용을 중단해야 한다.[88]

---

88) 공공저작물 자유이용 허락 표시 기준(문화체육관광부 공고 제2016 - 23호).

공공저작물 자유이용 허락 표시 기준(문화체육관광부 공고 제2016 - 23호)

유형 및 심벌마크	이용허락의 범위
[제1유형: 출처 표시] OPEN 공공누리 공공저작물 자유이용허락 (출처표시)	이용자가 공공저작물을 상업적 활용 여부에 관계 없이 무료로 자유롭게 이용하고 2차적저작물 작성 등 변형하여 이용할 수 있다.
[제2유형: 제1유형+상업적 이용금지] OPEN 공공누리 공공저작물 자유이용허락 (출처표시, 상업용금지)	이용자가 공공저작물을 무료로 자유롭게 이용하고 2차적저작물 작성 등 변형하여 이용할 수 있으나, 상업적 목적으로 이용하는 것은 금지된다.
[제3유형: 제1유형+변경금지] OPEN 공공누리 공공저작물 자유이용허락 (출처표시, 변경금지)	이용자가 공공저작물을 상업적 활용 여부에 관계 없이 무료로 자유롭게 이용할 수 있으나, 공공저작물의 내용을 변형 또는 변경할 수 없다.
[제4유형: 제1유형+상업적 이용금지+변경금지] OPEN 공공누리 공공저작물 자유이용허락 (출처표시, 상업용금지, 변경금지)	이용자가 공공저작물은 무료로 자유롭게 이용할 수 있으나, 상업적 목적으로 이용하거나 2차적저작물 작성 등 변형하여 이용하는 것은 금지된다.

저작권 이야기

강풀 작가, '손바닥과 발바닥'

강풀 작가는 2009년 포털 사이트 다음에 올린 '손바닥과 발바닥'이라는 제목의 글을 통해, 자신의 만화의 '펌질'을 허용하겠다는 의사를 밝힌 바 있다.

자신의 만화 맨 아래에 손바닥 모양을 그려놓으면 손바닥 크기 정도의 부분 펌질을 허용한다는 의미, 발바닥 모양을 그려놓으면 전체 펌질을 허용한다는 의미로 받아들여 달라는 것이다.

손바닥의 의미는 모니터에 댈 수 있는 손바닥 정도의 분량으로, 엄격하게 픽셀 사이즈를 규정하지 않고 상식선에서 부분 이용을 허용하겠다고 밝혔다. 더불어 손바닥 발바닥 이미지 또한 마음대로 가져다 쓰라면서, 저작권을 가진 창작자들이 펌질과 불펌의 여부를 나타내는 표현 방식으로 사용하였으면 좋겠다고 하였다.

강풀 작가의 "손바닥 발바닥"도 스탠포드대학의 로렌스 레식 교수가 제안한 CCL과 동일한 취지의 오픈라이선스를 제안한 것이다. 저작자 표시, 비영리적 목적이라는 조건이 포함돼 있지만 변경 금지 또는 동일조건 변경 허락과 같은 조건을 표시할 방법은 없다. 하지만 CCL보다 더 직관적이고 이해하기 쉬워 보인다.

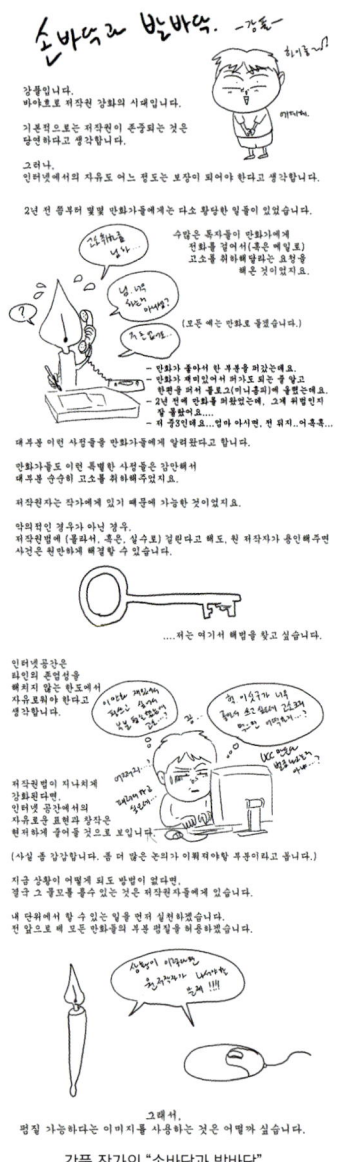

강풀 작가의 "손바닥과 발바닥"

공공누리 이용 조건

1. 출처 표시 의무
가. 이용자는 공공저작물을 이용하는 경우, 이를 제공한 기관명과 작성자(해당 저작물에 표기된 바에 따름), 공표된 연도(발행일 기준) 등을 표시하여야 합니다.
나. 온라인에서 출처 웹사이트에 대한 하이퍼링크를 제공하는 것이 가능한 경우에는 링크를 제공하여야 합니다.
다. 자료를 제공한 공공기관이 이용자를 후원한다거나 공공기관과 이용자가 특수한 관계에 있는 것처럼 제3자가 오인할 수 있는 표시를 해서는 안 됩니다.
라. 자료를 제공한 공공기관의 홈페이지에서 무료로 다운로드가 가능한 자료인 경우에는 다른 사람이 쉽게 알 수 있도록 표시하여야 합니다.

〈예시〉 "본 저작물은 '기관명 ○○○'에서 '○○년' 작성하여 공공누리 ○유형으로 개방한 '저작물명 (작성자:○○○)'을 이용하였으며 해당저작물은 '기관명 ○○○, 홈페이지 주소'에서 무료로 다운로드 받으실 수 있습니다."

2. 저작인격권의 존중
공공저작물을 변경 이용하는 경우에도 저작인격권을 존중하는 범위 내에서 이용하여야 합니다.

〈저작인격권을 침해할 수 있는 변경 이용의 예시〉
① 예술적 가치를 표현하기 위해 창작된 저작물을 외설적 광고에 이용하여 원저작자의 명예를 훼손하는 경우 ② 연구보고서의 연구성과나 통계수치 등을 수정하여 제3자로 하여금 착오를 불러일으킬 수 있는 경우 ③ 일부를 잘라 이용한 사진저작물이 원저작자가 표현하고자 하는 내용과 현저한 차이를 가져오는 경우 등

3. 공공기관의 면책
가. 공공기관은 공공저작물의 정확성이나 지속적인 제공 등을 보장하지 않습니다.
나. 공공기관은 이용자가 공공저작물을 이용함으로써 발생할 수 있는 어떠한 손해나 불이익에 대해서도 공공기관 및 그 직원은 책임을 지지 않습니다.

4. 이용허락조건 위반의 효과
이용자는 공공누리의 이용허락의 조건 중 어느 하나라도 위반한 경우 이용허락이 자동으로 종료되며, 이용자는 즉시 공공저작물의 이용을 중단해야 합니다.

다) 저작권 포기/기증

'이용허락'의 의사를 밝히는 것에서 나아가, 아예 저작권을 '포기'하는 것도 가능하다. 저작권자가 저작권을 포기한 경우 허락을 받을 필요가 없는 것은 당연하다. 다만 이용자 입장에서는 특정 저작물의 '저작권 포기' 여부를 확인하기가 쉽지 않다는 한계가 있다.[89]

저작권 기증 제도의 경우, 기증자의 의사를 존중하여 관리될 뿐만 아니라 기증된 저작물 리스트가 공개된다는 점에서 이용자 입장에서도 상대적으로 편리하다. 저작권을 문화체육관광부 장관에게 기증하면 한국저작권위원회가 관리해주는데,[90] 이용자는 한국저작권위원회가 운영하는 공유마당을 통해 기증 저작물을 검색하고 다운로드 받아 이용할 수 있다.

> **저작권법**
>
> 제135조(저작재산권 등의 기증) ① 저작재산권자 등은 자신의 권리를 문화체육관광부장관에게 기증할 수 있다. 〈개정 2008. 2. 29.〉
> ② 문화체육관광부장관은 저작재산권자 등으로부터 기증된 저작물 등의 권리를 공정하게 관리할 수 있는 단체를 지정할 수 있다. 〈개정 2008. 2. 29.〉

공유마당 중 기증전시관(http://donate.copyright.or.kr)

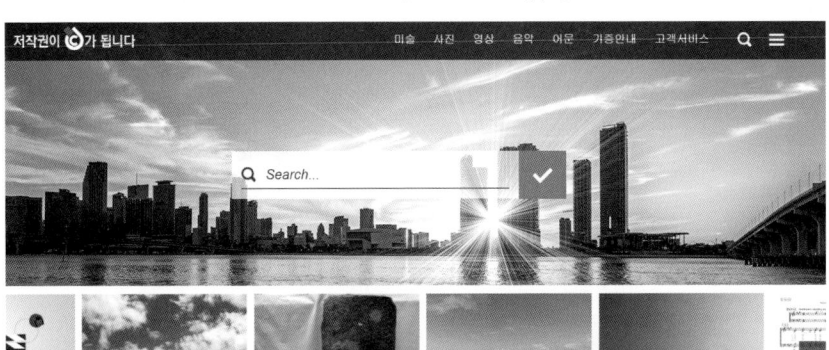

---

[89] 제49조 등에 의한 권리 소멸도 마찬가지이다.
[90] 기증 후 재산상태가 현저하게 변경되고 생계에 중대한 영향이 발생한 경우에는 기증 권리의 반환을 요청할 수 있다.

토론해 봅시다

교육 정보의 저작권 나눔 운동 확산을 위한 방법을 논의해 보자.

CCL 등 오픈라이선스의 적용과 저작권 기증 등 나눔의 실천과 확산 방안에 대해서 토론해 보자. 작은 실천이 세상을 바꾼다. 경제적 가치나 예술성과 관계없이 기증할 수 있다.

저작권 기증방법

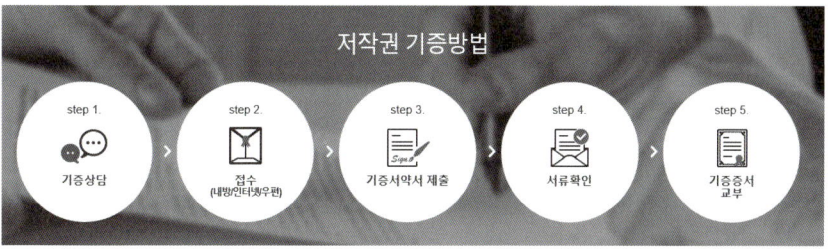

저작권 기증 관련 문의 : 055)792-0133

저작권 이야기

애국가 부를 때 돈 내야 하나요?

애국가도 저작물임은 물론이다. 저작권료도 지급해 왔다.

그런데 2005년 故 안익태 선생의 유족들은 "애국가" 저작권을 기증하였다. 이전까지 축구장이나 야구장에서 국민의례를 하는 것에 대해서도 허락을 받고 사용료를 지불하였으나, 기증 이후 애국가의 저작권 걱정을 할 필요가 없어졌다.

그런데 무반주로 애국가를 부르거나 직접 연주하는 것과 달리, 애국가 음원을 이용하려면 연주자의 허락이 필요하였다(저작인접권). 이에 2018년 12월 세종문화회관 서울시합창단을 비롯해 서울시립교향악단, 박인영 작곡가, 이정훈 영상감독, 성윤용 교수 등이 참여해 만든 새로운 애국가 음원의 권리가 기증되었다. 공유마당 사이트를 통해 누구나 애국가 음원을 다운로드 받아 국민의례 등에 이용할 수 있다.

애국가 음원 등 기증식 2018. 12.(출처 : 한국저작권위원회)

3) 법정허락을 받아보자

권리자를 찾을 수 없다면 이용은 불가능한가?

X 법정허락을 받으면 된다. 권리자 대신 문화체육관광부장관의 승인을 받아 이용할 수 있는 길이 있다.

신탁관리단체에 문의해보고, 저작권 찾기 사이트에서 검색도 해보고, 권리자를 수소문해 보았음에도 권리자를 도저히 찾을 수 없을 때에도, 허락 없이 이용하면 저작권 침해라는 위험에 빠질 수 있다.

저작권법은 이처럼 권리자 불명 저작물에 대해서도 '법정허락'을 통해 이용 가능성을 열어 두었다. '법정허락'은 상당한 노력을 기울였음에도 저작권자를 알 수 없거나 찾을 수 없을 때, 문화체육관광부장관의 승인을 받은 후 법원에 보상금을 공탁하고 저작물을 이용할 수 있도록 한 제도이다. 현재 한국저작권위원회가 관련 업무를 담당하고 있다(관련 문의 : 055)792-0083).

저작권법

제50조(저작재산권자 불명인 저작물의 이용) ① 누구든지 대통령령이 정하는 기준에 해당하는 상당한 노력을 기울였어도 공표된 저작물(외국인의 저작물을 제외한다)의 저작재산권자나 그의 거소를 알 수 없어 그 저작물의 이용허락을 받을 수 없는 경우에는 대통령령이 정하는 바에 따라 문화체육관광부장관의 승인을 얻은 후 문화체육관광부장관이 정하는 기준에 의한 보상금을 공탁하고 이를 이용할 수 있다. 〈개정 2008. 2. 29.〉
② 제1항의 규정에 따라 저작물을 이용하는 자는 그 뜻과 승인연월일을 표시하여야 한다.
③ 제1항의 규정에 따라 법정허락된 저작물이 다시 법정허락의 대상이 되는 때에는 제1항의 규정에 따른 대통령령이 정하는 기준에 해당하는 상당한 노력의 절차를 생략할 수 있다. 다만, 그 저작물에 대한 법정허락의 승인 이전에 저작재산권자가 대통령령이 정하는 절차에 따라 이의를 제기하는 때에는 그러하지 아니하다.
④ 문화체육관광부장관은 대통령령이 정하는 바에 따라 법정허락 내용을 정보통신망에 게시하여야 한다. 〈개정 2008. 2. 29.〉

법정허락의 절차(출처 : 한국저작권위원회 홈페이지)

- 저작재산권자 불명 저작물에 대하여 권리자를 찾기 위한 상당한 노력을 신청인이 이행하여 신청하는 경우
  (법 제50조 및 영 제18조 제1항)

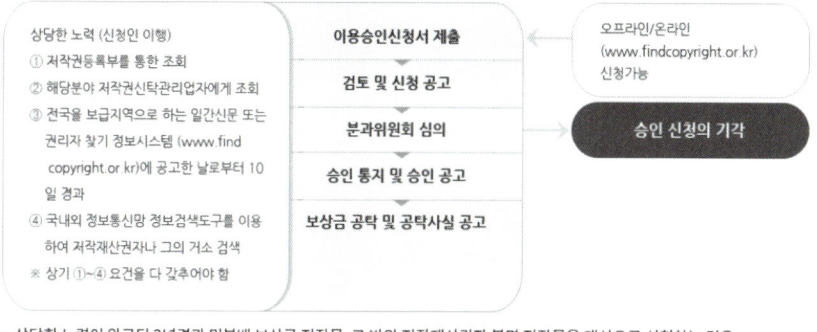

- 상당한 노력이 완료된 3년경과 미분배 보상금 저작물, 그 밖의 저작재산권자 불명 저작물을 대상으로 신청하는 경우
  (법 제50조 및 영 제18조 제2항)

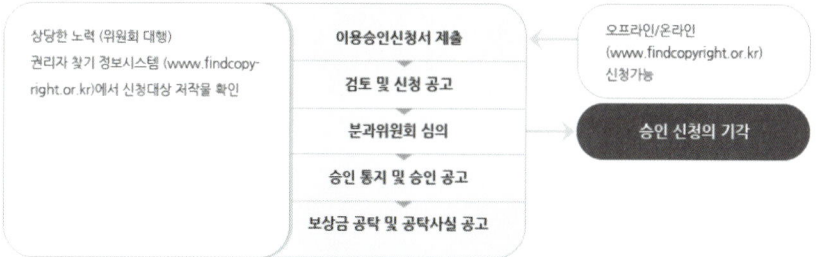

나도 전문가 — 2020년 5월 시행 개정 저작권법

2020년 시행되는 개정 저작권법에서는 외국저작물도 법정허락의 대상이 되도록 하였으며, 보상금을 공탁할 필요 없이 한국저작권위원회에 지급하도록 하여, 이용자의 편의성을 높였다.

2020 개정 저작권법

제50조(저작재산권자 불명인 저작물의 이용) ① 누구든지 대통령령이 정하는 기준에 해당하는 상당한 노력을 기울였어도 공표된 저작물의 저작재산권자나 그의 거소를 알 수 없어 그 저작물의 이용허락을 받을 수 없는 경우에는 대통령령이 정하는 바에 따라 문화체육관광부장관의 승인을 얻은 후 문화체육관광부장관이 정하는 기준에 의한 보상금을 제112조에 따른 한국저작권위원회에 지급하고 이를 이용할 수 있다. 〈개정 2008. 2. 29., 2019. 11. 26.〉

② 제1항의 규정에 따라 저작물을 이용하는 자는 그 뜻과 승인연월일을 표시하여야 한다.

③ 제1항의 규정에 따라 법정허락된 저작물이 다시 법정허락의 대상이 되는 때에는 제1항의 규정에 따른 대통령령이 정하는 기준에 해당하는 상당한 노력의 절차를 생략할 수 있다. 다만, 그 저작물에 대한 법정허락의 승인 이전에 저작재산권자가 대통령령이 정하는 절차에 따라 이의를 제기하는 때에는 그러하지 아니하다.
④ 문화체육관광부장관은 대통령령이 정하는 바에 따라 법정허락 내용을 정보통신망에 게시하여야 한다. 〈개정 2008. 2. 29.〉
⑤ 제1항에 따른 보상을 받을 권리는 제112조에 따른 한국저작권위원회를 통하여 행사되어야 한다. 〈신설 2019. 11. 26.〉
⑥ 제112조에 따른 한국저작권위원회는 제1항에 따라 보상금을 지급받은 날부터 10년이 경과한 미분배 보상금에 대하여 문화체육관광부장관의 승인을 얻어 제25조 제8항 각 호의 어느 하나에 해당하는 목적을 위하여 사용할 수 있다. 〈신설 2019. 11. 26.〉
⑦ 제1항 및 제6항에 따른 보상금 지급 절차·방법 및 미분배 보상금의 사용 승인 등에 필요한 사항은 대통령령으로 정한다. 〈신설 2019. 11. 26.〉
[시행일 : 2020. 5. 27.] 제50조

Don't Give Up !!

Don't Give Up !!

어렵고 힘들어도,
포기하지 마세요.

저작권, 꼭 알아야 합니다.
저작권을 모르면 일상생활도 어려워지는 세상이 되었습니다.

저작권 제도, 알면 알수록…
더 많은 저작물을 이용할 수 있습니다.
학교 현장에서 많은 저작물을 이용하고,
더 좋은 교육을 제공할 수 있습니다.

Go Together !!

두려워 마세요.
여러분을 응원합니다.

한국저작권위원회 법률상담관 상담 : 1800-5455
조정 신청 관련 상담 : 02)2669-0042
저작권아카데미 교육 문의 : 055)792-0228
온라인 교육 포털 : https://www.copyright.or.kr/education

제3장
현안 심층 분석 및 기타 주의 사항

가. 폰트
나. UCC 제작 및 업로드
다. 홈페이지 관리

제3장
현안 심층 분석 및 기타 주의 사항

 가. 폰트[91]

1) 경고장 발송과 소송
가) 폰트 분쟁의 연혁

폰트의 보호에 대한 논란은 90년대부터 있었다. 당시는 '폰트도 저작권법에서 보호가 되는지' 여부가 쟁점이었는데, 2001년 대법원 판결 이후로 '폰트 파일'은 컴퓨터프로그램으로 보호된다고 판시되고 있다. 이때만 해도 '폰트 파일'을 개발하는 경쟁 사업자나 유통 사업자의 무단 영리행위를 막으려는 것에 초점이 맞춰졌었다.

그런데 최근 개인 이용자에 대해 경고장이 대량으로 발송되고 형사 고소까지 불사하고 있는 것은 일찍이 경험해보지 못한 일이다.[92] 이러닝 업체, 출판사·인쇄소뿐만 아니라, 학교나 유치원·어린이집까지 폰트 저작권 침해로 경고장을 받은 사례는 매우 흔하며, 고소되어 경찰로부터 연락을 받은 경우도 다수이다. 폰트에 대한 법적 보호 필요성은 재론의 여지가 없으나, 일각에서는 문자생활을 위협할 만큼 과열 현상이 나타나고 있는 것도 부정할 수 없다.

---

91) 폰트의 저작권 쟁점에 대한 상세한 사항은 한국저작권위원회(2018), 폰트 저작권 바로 알기 (개정판) 참조.
92) 이찬열(국회 교육위원장) 바른미래당 의원이 교육부 및 전국 17개 시·도교육청으로부터 제출받은 '저작권 분쟁 현황'을 분석한 결과, 최근 5년간 교육청 및 학교의 글꼴 저작권 분쟁 건수는 756건에 달했다. 초등학교는 214곳, 중학교는 206곳, 고등학교는 292곳이 배상 관련 내용 증명 및 고소장을 받았으며 교육청은 교육지원청까지 포함해 44곳이 저작권 관련 분쟁을 겪었다. 한국교육신문, "전국 교육청 글꼴 저작권 분쟁 5년간 756건", 2019. 10. 18.자

> ### 경고장
>
> 당 법률사무소는 귀하의 저작권법 위반행위와 관련하여 다음과 같이 통지합니다.
>
> 다 음
>
> 1. 귀하는 본 문건을 수령하는 즉시 당 법률사무소와의 사이에 방문일정에 대해 논의하신 후 방문하시기 바랍니다(본인 확인 신분증 지참 요함).
> 2. 만에 하나, 위반행위자가 미성년자, 지체장애자 등에 해당할 경우에는 이를 증명할 수 있는 자료를 지참하시기 바랍니다.
> 3. 본 문건이 전송된 후 3일 이후부터는 귀하를 상대로 민·형사상 법적 조치가 진행될 예정입니다.
>
> 2020. 02. .

Q 폰트 관련 경고장을 받았다. 주변 사람들에게 물어보니 경고장이 남발되고 있으니 걱정하지 말라고들 하는데, 무시하는 게 최선책인가?

 경고장을 지나치게 두려워할 필요도 없지만 무시하는 것도 바람직하지는 않다. 경고장에 적시된 사실 관계를 확인하고 전문가에게 문의하여 위법 사항을 우선 확인해야 한다. 경고장에서는 대체로 일주일 이내 등 매우 짧은 기간 안에 답변을 요구하는 경우가 많은데, 필요하다면 기간의 연장을 요청하고 권리자에게 주장에 대한 근거 법률을 명확하게 제시하도록 요구하는 것도 도움이 된다. 전술한 사이버 봉이 김선달 사례와 같이 저작권을 보유하지 않고 경고장을 남발하는 사례도 있으므로, 권리관계 및 침해 사실에 대한 입증 자료를 요구할 필요도 있다.

권리자가 무리하게 경고장을 남발하고 과도한 합의금을 요구한 경우, 업무방해, 협박, 공갈 등의 형사고소가 가능한 경우도 있으므로, 경고장을 받았다는 이유만으로 위축될 필요는 없다.

나) 소송 경과

최근 교육기관에 대하여 폰트 관련 소송이 이어지고 있다. 이하에서는 주목할 만한 판례 2개를 소개한다.

2018년에는 대법원에서 최초의 손해배상 판결이 확정되었다. 2015년 모 폰트 전문회사가 인천 교육청과 같은 지역 사·공립 2개 초등학교를 대상으로 홈페이지에 게재된 글씨 등을 문제 삼아 손해배상청구 소송을 제기하였다. 사립초등학교는 재판부 판결 전 합의조정에 응하여 500만 원에 합의를 하였고, 이에 응하지 않은 공립초등학교와 교육청은 각각 100만 원과 500만 원의 손해배상금 지급 판결로 확정되었다.[93] 폰트 파일의 무단 복제·사용은 저작권 침해라고 인정되었지만, 원고가 4천만 원의 손해를 주장한 것에 비하여 100만 원의 배상만 인정되었다는 점이 교육 현장에는 그나마 위안거리가 되었다.

나아가 2019년에는 '침해를 부정'하는 판결도 나왔다. 2019년 서울시 교육청은 윤디자인과의 소송에서 승소 판결을 받아낸 것이다. 서울시 교육청은 '윤서체'를 불법 사용했다는 이유로 손해배상을 청구 당했고, 2019년 2월 1심에서는 200만 원 배상 판결을 받았다. 하지만 항소심에서는 1심을 뒤집고 배상 책임이 없다는 판결을 받아냈다. 다만 이 판결도 폰트 파일의 저작물성을 부정하거나 자유롭게 이용해도 된다는 취지는 아니며, 단지 "한글 문서에 글꼴이 사용된 사실 자체만으로는, 폰트 파일에 대한 복제권과 불법 내려받기 등 저작권 침해로 볼 수 없다."는 내용이 핵심이다. 즉 교육청의 위법한 이용에 대하여 입증이 충분하지 못했다는 의미이므로, 교육계가 안심할 수 있는 것은 아니다. 당분간 폰트 파일의 저작권 논란을 피하기는 어려워 보인다.

---

93) 판례 평석은 최진원(2017), "사건과 판례 - 윤서체 폰트 손해배상 사건", 저작권 문화 Vol.278, 24-25면. 공립초등학교는 성명불상의 교직원이 폰트를 복제한 사실로 추인하여 학교장에게 책임을 묻지 않고 국가배상법에 의해 교육청이 배상하도록 했다.

2) 폰트, 저작물인가?

법원은 '폰트 파일'이 저작물이라고 반복하여 판결하고 있다. 다만 '폰트 도안'과 '폰트 파일'은 구분되어야 한다. 법원은 '폰트 도안'은 저작물이 아니라고 한다.[94]

> 폰트 '도안'은 저작물이 아니다 – 인쇄물 등 복제 이용 가능
> 폰트 '파일'은 저작물이 맞다 – 파일을 복제·전송 시 저작권 침해 가능성

가) 폰트 도안 – 저작물 X

Q 학교에서 현수막을 구입하여 걸었다고 폰트 회사로부터 저작권 경고장을 받았다. **현수막에 인쇄된 글자**가 자신들의 폰트라고 한다. 현수막을 구입해서 걸어둔 학교도 책임을 지는가?

X 학교는 '폰트 파일'을 이용한 것이 아니므로 걱정할 필요가 없다. 폰트 도안과 동일한 결과물을 사용하는 것은 저작권 침해가 아니다. 예컨대 불법 폰트 파일을 이용하여 제작된 서적을 학교에서 복사하더라도 폰트 프로그램의 저작권이 문제 되지는 않는다.

궁서체, 고딕체, 명조체 등 글자의 모양은 저작권법상 보호 대상이 아니다.[95] 폰트 도안은 저작물이 아니므로 유료 폰트와 동일한 글자체를 사용하거나 유료 폰트로 출력된 인쇄물을 복사하더라도 폰트 저작권 침해가 아니다.

학교에서 사용하는 교재나 포스터 등 인쇄물이 출력되는 과정에서 어떤 폰트를 사용했는지 걱정할 필요는 없다. 나아가 교재를 복사하여 나눠줄 때에도 폰트 저작권을 걱정할 필요가 없다. 예컨대 '**100% 우리고기 사건**'을 보면 유료 폰트인 효봉개똥이체로 만들어진 글자를 캡처하여

---

94) cf. 미국 법원도 유사한 입장을 밝힌 바 있다. Adobe Systems Inc. v. Southern Software, Inc. et al., 45 U.S.P.Q.2d 1827(N.D. Cal.1998).
95) 미국에서도 서체는 저작권법에 의한 보호를 받지 못한다. 37 C.F.R. §202.1(e). 미국 저작권청은 1988년 디지털 서체는 아날로그 서체와 마찬가지로 문자나 그 밖의 서체 기호들을 구성하는 기능적 형상과 분리되는 독창적 저작물이 아니라는 결정(Policy Decision on Copyrightability of Digitized Typefaces)을 내렸다. 상세한 내용은 박경신(2015), "아래 한글 프로그램에 포함된 서체 파일의 이용과 저작권 침해", 저작권 동향 2015-11호, 1면 이하 참조.

포토샵에서 수정한 글자를 쇠고기 육포 포장지에 이용한 것에 대해서도 프로그램을 복제하거나 개작한 것은 아니므로 저작권법을 위반하지 않았다고 판결한 바 있다[서울동부지방법원 2013. 5. 2. 선고 2013노157 판결].

> **[서울고등법원 1994. 4. 6. 선고 93구25075 판결]**
>
> **폰트 도안**은 일부 창작성이 포함되어 있고 문자의 실용성에 부수하여 미감을 불러일으킬 수 있는 점은 인정되나, 그 미적 요소 내지 창작성이 문자의 본래의 기능으로부터 분리, 독립되어 별도의 감상의 대상이 될 정도의 독자적 존재를 인정하기는 어렵다고 할 것이어서 <u>그 자체가 … 저작권법상 보호의 대상인 저작물 내지 미술저작물로 인정하기는 어렵</u>다고 할 것이다.

일부 폰트 회사들은 자사의 폰트를 사용하여 출력된 현수막을 걸어둔 학교에게 경고장을 보내고 있다. 하지만 현수막을 걸어둔 학교는 '폰트 파일'을 사용한 것이 아니다. 현수막 출력 업체에서 '폰트 파일에 대한 저작권을 침해했는가'와는 별도로, 그 결과물을 이용한 학교에게 책임을 묻기는 어렵다. 나아가 학교에서 사용하는 교재 인쇄 시 어떤 폰트가 사용되었는지도 신경 쓸 필요가 없음은 물론이다.

나) 폰트 파일 - 저작물 O

Q 폰트 파일을 수업목적으로 이용하는 것은 제25조에 근거하여 문제가 없는가? 또한 비영리 개인적 용도로만 폰트 파일을 사용하기 위해 복제하는 것은 사적복제에 해당하므로 제30조에 근거하여 저작권 침해가 되지 않는다고 생각하는데 맞는가?

X 폰트 파일은 컴퓨터프로그램저작물로 보호된다는 것이 법원의 입장이다. 프로그램 저작물은 제101조의3이 적용되는바 '다만, 프로그램의 종류 · 용도, 프로그램에서 복제된 부분이 차지하는 비중 및 복제의 부수 등에 비추어 프로그램의 저작재산권자의 이익을 부당하게 해치는 경우에는 그러하지 아니하다.'고 하여 수업목적이거나 사적복제라고 하더라도 자유롭게 공유할 수 없다.

컴퓨터 등에서 글자를 나타내기 위해 글자체를 디지털화한 폰트 파일('궁서체.TTF', '고딕체.

OTF')은 '컴퓨터프로그램저작물'로서 저작권법상 보호 대상이 된다.[96] 따라서 폰트 파일을 컴퓨터에 설치하거나 게시판 등에 업로드할 때는 마치 MS 오피스 프로그램을 설치하거나 업로드할 때와 유사하게, 복제권, 공중송신권 등 저작재산권 침해가 되지 않는지 주의를 기울여야 한다. 마치 한글 프로그램의 정품을 구입하듯이, 필요하다면 폰트 파일의 구입도 고려해야 한다.

폰트 파일은 컴퓨터프로그램
[대법원 2001. 6. 29. 선고 99다23246 판결]

폰트 파일의 소스코드는 … 컴퓨터 내에서 특정한 모양의 폰트의 윤곽선을 크기, 장평, 굵기, 기울기 등을 조절하여 반복적이고 편리하게 출력하도록 특정한 결과를 얻기 위하여 프로그래밍 언어의 일종인 포스트스크립트 언어로 제작된 표현물이고 … 그 내용도 좌표값과 좌표값을 연결하는 일련의 지시, 명령으로 이루어져 있으므로, 구 컴퓨터프로그램보호법상의 <u>컴퓨터프로그램에 해당</u>한다.

공표된 저작물을 학교에서 수업목적으로는 이용할 수 있는바[제2장 다. 1) 나) 참조], 학교 현장에서 폰트 파일을 '수업목적으로 사용할 수 있는지' 질문이 있었다. 결론적으로 폰트 파일을 컴퓨터프로그램으로 보는 현재의 판례 입장에서는 제25조의 적용이 어렵다. 컴퓨터프로그램에 대해서는 제25조, 제30조가 적용되지 않기 때문이다(제37조).

저작권법

제37조의2(적용 제외) 프로그램에 대하여는 제23조 · 제25조 · 제30조 및 제32조를 적용하지 아니한다.

제101조의3(프로그램의 저작재산권의 제한) ① 다음 각 호의 어느 하나에 해당하는 경우에는 그 목적상 필요한 범위에서 공표된 프로그램을 복제 또는 배포할 수 있다. 다만, 프로그램의 종류 · 용도, 프로그램에서 복제된 부분이 차지하는 비중 및 복제의 부수 등에 비추어 **프로그램의 저작재산권자의 이익을 부당하게 해치는 경우에는 그러하지 아니하다.**

---

96) 법원의 입장에 대해 비판적인 입장으로는 임원선(2001), "글자체의 법적 보호", 계간 저작권 제55호; 정진근(2013), "컴퓨터프로그램저작권 관련 규정의 적합성에 대한 인식과 시사점", 정보법학 제17권 제2호.

2. 「유아교육법」, 「초·중등교육법」, 「고등교육법」에 따른 학교 및 다른 법률에 따라 설립된 교육기관(상급학교 입학을 위한 학력이 인정되거나 학위를 수여하는 교육기관에 한한다)에서 교육을 담당하는 자가 수업과정에 제공할 목적으로 복제 또는 배포하는 경우
3. 「초·중등교육법」에 따른 학교 및 이에 준하는 학교의 교육목적을 위한 교과용 도서에 게재하기 위하여 복제하는 경우
5. 「초·중등교육법」, 「고등교육법」에 따른 학교 및 이에 준하는 학교의 입학 시험이나 그 밖의 학식 및 기능에 관한 시험 또는 검정을 목적(영리를 목적으로 하는 경우를 제외한다)으로 복제 또는 배포하는 경우

유료 폰트 파일을 무단 이용하면 형사벌도 받을 수 있는가?

저작권 침해가 되면 비영리 교육 목적이었다고 하더라도 형사벌이 가능하다. 예컨대 '미술어린이집 사건'에서 법원은 선고유예 판결을 내린 바 있다. 이 사건은 윤디자인 연구소의 폰트 프로그램을 무단으로 다운받아 어린이집 내 화장실, 언어책방 등의 안내 문구를 출력한 것인데, 형사 책임이 문제 되었다. 폰트 파일의 저작권 문제로 실형을 받게 되는 경우는 극히 드문 일이지만, 교육 현장에서는 벌금형만으로도 어린이집의 운영을 중단해야 하는 등 가혹한 결과가 나올 수 있으므로 세심한 주의가 필요하다.

3) 새로운 쟁점

폰트 도안과 폰트 파일의 구분, 컴퓨터프로그램저작물로서의 보호 등으로 정리된 법적 분쟁에 최근 새로운 쟁점들이 등장하고 있다. 현재 가장 논쟁이 뜨거운 주제는 ① 번들 폰트의 타 프로그램 사용과 ② PDF 업로드 시 폰트 파일이 임베디드 되어 전달되는 경우이다.

가) 번들 폰트의 타 프로그램 사용

Q: 'A 문서 작성 프로그램'을 구매하였다. 이 프로그램에는 문서 작성에 필요한 폰트 파일들이 번들로 포함되어 있었는데, 이 폰트 파일 중 일부가 'B 그래픽 디자인 프로그램'에서 자동으로 검색되어 사용하였다. B 프로그램에서 A 프로그램의 번들 폰트를 사용한 것은 항상 저작권 침해가 되는가?

X: 소위 '마사회 폰트' 사건에서 법원은, "적어도 이를 묵시적으로 허락"한 것으로 볼 수 있다고 판시하면서, 다른 프로그램에서 번들 폰트를 사용하는 것이 저작권 침해가 아니라고 판시한 바 있다.

예컨대 한글 프로그램의 번들 폰트를 어도비 아크로뱃 프로에서 사용하는 경우, 폰트 파일의 저작권을 침해하는지에 대한 논란이다. 이용자가 B 프로그램에 해당 폰트 파일을 사용하기 위해 별도로 폰트 파일을 설치하거나 복제행위를 한 것은 아니다.[97] 번들 폰트가 일단 Windows의 Fonts 폴더에 설치되면, 해당 프로그램뿐만 아니라 모든 프로그램이 사용할 수 있게 되어 B 프로그램 사용 시에도 해당 폰트가 검색되는 것이다.

일단 폰트 파일이 '컴퓨터에 설치되는 것'은 A 프로그램에 대한 번들 폰트이므로 문제가 없다. A 프로그램의 번들로 제공된 폰트를 'B 프로그램에서 쓴 것'이 저작권 침해가 되는지가 쟁점이다. 이해관계자 간에 이견이 있으며 아직 법리적으로 단언하기는 어려운 측면도 있으나, 저작권자가 묵시적으로 허락한 범위 내의 이용이라고 볼 수 있다는 판례가 있다(마사회 폰트 사건).

---

97) 이용자가 별도의 조치를 통해 해당 폰트를 B 프로그램 등 다른 곳에서도 사용하도록 한 것이라면 손해배상책임을 질 수 있다.

마사회 폰트 사건
[서울중앙지방법원 2014. 5. 1. 선고 2012가합535149 판결]

'아래 한글' 프로그램에는 피고의 서체들이 번들로 제공되는 사실과 위 프로그램을 문자 발생기에 설치하면 번들로 제공된 서체들이 자동으로 문자 발생기의 운영체제인 Windows 폴더의 하위 폴더인 Fonts 폴더에 저장되는 사실에 의하면, 원고가 위 프로그램을 문자 발생기에 설치하는 과정에서 피고의 서체가 자동으로 문자 발생기의 운영체제에 저장되었다고 하더라도, 이러한 과정은 서체 파일에 관한 라이선스를 부여한 저작권자들이 위 프로그램 개발자에게 적어도 이를 묵시적으로 허락하였다고 할 것이므로, 원고가 위와 같은 방식으로 원고의 문자 발생기에 저장된 서체들을 사용하였다고 하더라도, 그러한 사정만으로 원고가 해당 서체들을 무단으로 복제 · 사용하여 피고의 저작권을 침해하였다고 보기는 어렵다.

나) PDF 업로드와 폰트 저작권

Q 다른 사람이 작성한 PDF를 홈페이지에 업로드했을 뿐인데, 폰트 저작권 침해라고 연락이 왔다. 해당 문서 작성에 유료 폰트가 사용되었다는 것인데, '유료 폰트로 작성된 PDF'를 업로드한 것만으로도 저작권 침해가 되나?

X 이미 작성된 문서를 출력하거나 전송하는 것은 폰트 파일에 대한 저작권 침해가 되지 않는다. 특히 '이미지 방식으로 저장된 PDF'라면 업로더는 폰트 파일 저작권에 대해 부담을 가질 필요가 없다. 다만 PDF를 업로드하면서 폰트 파일을 '임베디드'하여 함께 보낸 경우, 외관상 컴퓨터프로그램저작물을 전송한 것으로 볼 수도 있기는 하다. 아직 법원의 판단은 없으나 이 역시 **제35조의3 공정이용에 해당할 여지**가 크다.

폰트 도안은 저작권법의 보호를 받는 저작물이 아니다. 따라서 작성 당시 어떤 폰트 파일이 사용되었는지 상관없이, 문서 파일을 복제하고 배포할 수 있는 것이 원칙이다.

PDF 파일의 경우에도, 이미지 방식으로 문서를 담고 있는 경우에는 폰트 저작권을 걱정할 필요가 없다. 폰트 파일은 복제되거나 전송되는 것이 아니기 때문이다. 이는 현수막을 걸어두거나 책을 배포할 때 폰트 파일의 저작권을 걱정할 필요가 없는 것과 유사하다.

하지만 소위 폰트 파일이 '임베디드' 된 문서 파일의 경우에는 이견이 있다. 이미지 방식 PDF는 검색이 되지 않고 편집도 어렵기 때문에 최근에는 많이 이용하지 않는다. 대안으로 제시되는 방법 중 하나가 PDF 문서에 폰트 파일을 포함(embedded)시키는 것이다. 이때 폰트 파일이 임베디드 된 PDF 파일을 업로드하면, 형식적으로 문서뿐만 아니라 '폰트 파일'도 업로드하는 결과가 된다. 때문에 폰트 파일의 저작권자가 공중송신권 침해를 주장하는 일이 발생하고 있다.

학계에서는 이런 경우에도 저작권 침해는 아니라는 견해가 많다. 예컨대 법 제35조의2에 해당한다거나[98] 법 제35조의3 공정이용 일반조항 요건을 충족하여 문제가 없을 것이라는 의견이 그것이다. 특히 후자와 관련해서는 PDF 문서에 포함된 폰트 파일은 PDF 문서를 이용하는 과정에서 부수적으로 이용되었을 뿐 독립적으로 이용된 것이 아니라는 점,[99] 또한 전체가 아닌 일부의 폰트 파일만이 PDF 문서에 포함되므로 이용된 부분이 저작물 전체에서 차지하는 비중이나 중요성이 크지 않다는 점, 게다가 PDF 파일에서 폰트 파일을 추출하더라도 정상적인 사용이 불가능한 경우가 많기 때문에 현재나 잠재적인 폰트 시장에 미치는 영향이 미미하다는 등의 사정을 고려할 때 공정이용에 해당할 가능성이 커 보인다. 하지만 공정이용 일반조항은 앞서 살펴본 바와 같이 이견이 있을 수 있다는 점에서 학교나 공공기관에서는 부담스러운 측면이 있는 것도 사실이다.

---

[98] 김현숙(2016), "PDF문서에 사용된 폰트의 저작권에 대한 고찰", 인하대학교 법학연구 제19집 제1호.

[99] 문화체육관광부(2019), 글꼴파일 저작권 바로 알기, 26-27면.; 여기에 반대하며 계약 이론으로 해결하자는 견해로는 정진근(2019), 글자체(폰트)의 보호 및 제한범위에 관한 연구, 한국저작권위원회, 121면.

4) 폰트 파일 이용을 위한 도움말

가) 라이선스 조건을 확인하세요

최근 라이선스 위반을 이유로 경고장을 발송하는 경우가 흔하므로, 소위 정품 폰트 파일을 이용하는 경우에도, 폰트 회사마다 다양하게 제시하는 조건을 확인할 필요가 있다. 예컨대 사용료를 내고 구입한 경우에도 홈페이지에 이용하거나 영상 · 이러닝에 이용은 불허하는 경우도 있다.

폰트 저작권사 사용 용도표(SPC.or.kr 참조)

폰트 저작권사 사용 용도표

- 구매, 설치 및 사용을 진행 하기 전에 "반드시" 저작권사 홈페이지를 통해 라이선스를 확인하기 바랍니다.
- 저작권사에서 규정한 용도의 구체적인 사용범위가 각각 다를 수 있습니다.
- 각각의 저작권사에서 규정한 모든 용도를 포함하여 작성하지 않았습니다.

○ 기본 라이선스 ◉ 별도 계약 필요

저작권사	용도									
	문서	인쇄	웹디자인	영상	이러닝	이북	CI/BI	APP	게임	임베이딩	2차 사용권
더폰트그룹	○	○	○	◉	◉	◉	◉	◉	◉	◉	◉
디자인210	○	○	○	◉	◉	◉	◉	◉	◉	◉	◉
로그인디자인	○	○	○	◉	◉	◉	◉	◉	◉	◉	◉
붓다	○		○								
산돌커뮤니케이션	○	○	○	◉	◉	◉	◉	◉	◉		○
아시아소프트	○	○	○	◉	◉	◉	◉	◉	◉	◉	◉
양재미디어	○	○	○	◉	◉	◉	◉	◉	◉	◉	◉
윤디자인그룹	○	○	○	◉	◉	○	◉	◉	◉	◉	
정글시스템		○	○	◉						◉	
좋은글씨		○	○	◉		◉	◉	◉	◉		
직지소프트		○	○	◉		◉	◉				
타이포디자인연구소		○	○	◉		◉	◉			◉	◉
폰트릭스	○	○	○	◉	◉	◉	◉	◉	◉	◉	◉
폰트뱅크	○	○	○	◉	◉	◉	◉	◉	◉	◉	◉
한양정보통신	○	○	○	◉	◉	◉	◉	◉	◉	◉	◉
해움디자인	○	○									
활자공간		○	○	○			○				○
훈디자인	○	○	○	◉	◉	◉	◉	◉	◉	◉	◉
휴먼36.5	○	◉	◉	◉		◉	◉	◉	◉	◉	◉

나) '무료 폰트' 이용하세요

한국저작권위원회의 공유마당에서는 무료로 이용할 수 있는 폰트 파일들을 모아서 보여주고 있다.(동 사이트에서 폰트 파일을 다운로드 받아 바로 이용할 수 있다.)

다만 무료 폰트 파일의 경우에도 이용 조건이 없는지 잘 살펴보고 그 범위 안에서 이용해야 한다. CCL이나 KOGL 등의 마크가 붙어 있는 경우에도 영리적 이용의 허용 여부 등 이용 조건이 조금씩 다르므로, 해당 조건을 지키도록 노력해야 한다.

한국저작권위원회 공유마당의 무료 폰트

도움말

Q 폰트 파일의 권리자를 알기 어려워요.

폰트 파일을 이용허락 받고 사용하고 싶은데 저작권자를 탐색해 보았으나 알 수가 없었다. 신탁관리단체에도 문의하고 권리자 찾기 사이트를 통해도 찾을 수 없었다. 나중에 권리자가 나타나면 사용료를 지급할 생각으로 그냥 사용해도 되나?

X 사전 허락을 받을 수 없다면 사용할 수 없는 것이 원칙이다. 다만 법정허락 절차를 통해 이용할 수 있는 방법이 있다[제2장 라. 3) 참조].

다) 한국저작권보호원의 '내 PC 폰트 점검기'

Q 폰트 파일을 다운로드 받거나 설치한 적이 없다. 교사가 업무를 하는 과정에서 공용 컴퓨터에 있는 이미 설치되어 있는 폰트 파일을 이용하였을 뿐이라면 법적 책임은 없는가?

X 폰트 파일을 복제하거나 전송한 것이 아니더라도, 불법 파일임을 알면서 업무상 이용하는 것은 법적 책임을 질 수 있다.

학교에는 공용 컴퓨터가 많다. 초등학교의 경우 학년이 바뀌면 다른 교사가 사용하던 컴퓨터를 이용하게 되는 경우가 흔하다. 내가 설치하지 않았더라도 유료 폰트가 불법 설치되어 있을 가능성을 배제할 수 없다. 이를 알면서 업무상 이용한다면 내가 설치한 것이 아니더라도 책임을 질 수 있다. 다른 사람이 쓰던 중고 컴퓨터에 깔려 있던 글자체 파일을 이용하여 디자인 작업을 한 데 대해 글자체 파일의 라이선스 계약 위반으로 저작권 침해가 주장된 '헤움디자인 사건'에서 법원은 손해배상액 50만 원을 인정한 바도 있다[서울중앙지방법원 2018. 6. 1. 선고 2017나 61562 판결].

저작권법

제124조(침해로 보는 행위) ① 다음 각 호의 어느 하나에 해당하는 행위는 저작권 그 밖에 이 법에 따라 보호되는 권리의 침해로 본다. 〈개정 2009. 4. 22.〉 3. 프로그램의 저작권을 침해하여 만들어진 프로그램의 복제물(제1호에 따른 수입 물건을 포함한다)을 그 사실을 알면서 취득한 자가 이를 업무상 이용하는 행위

 앞으로 폰트 파일을 설치할 때 주의해야 하는 것은 이해하였는데, 이미 설치되어 있는 폰트 중에 문제 되는 것이 있는지 어떻게 아는가?

 한국저작권보호원의 '내 PC 폰트 점검기'로 확인할 수 있다(무료).
'내 PC 폰트 점검기'로 검색 - 불법 폰트 파일 발견 시 삭제
한국저작권보호원이 개발하여 배포한 '내 PC 폰트 점검기'를 통해, 현재 컴퓨터에 설치되어 있는 폰트 파일 검색이 가능하다(한국저작권보호원 홈페이지(https://www.kcopa.or.kr)에서 무료로 제공).

내 컴퓨터에 현재 어떤 폰트 파일이 설치되어 있는지 알아보는 것이 안전하다. 컴퓨터에 대해 잘 모르는 사람도 간편하게 확인할 수 있도록, 한국저작권보호원에서 '내 PC 폰트 점검기'를 개발·배포하고 있다. 이를 통해 검색하고 불법 폰트 파일이 있다면 지금이라도 당장 삭제하도록 한다.

내 PC 폰트 점검기(출처 : 한국저작권보호원)

저작권 이야기

서예가 효봉 여태명 작가의 서예 작품과 HB효봉축제 폰트

▶ OX 퀴즈

여태명 선생의 서예 작품은 미술저작물이다. O

법원은 서체 도안은 미술저작물의 일종인 서예와는 달리 특단의 사정이 없는 한 그 자체를 미적 감상의 대상으로 할 의도로 작성되는 것은 아니라고 보았다. O

글씨체를 출력한 다음 스캔하여 만든 글자의 사용은 폰트 프로그램의 저작권 침해가 되지 않는다. O

문재인 대통령과 김정은 위원장의 기념식수 표지석의 글씨는 서예가 효봉 여태명 선생의 작품이다. 여태명 선생은 조선시대 백성들의 서체를 연구하여 작품 활동을 하고 있는데, 문화체육관광부 현판, 전주 나들목 현판, KBS 프로그램 '1박 2일' 등도 그의 작품이다.

서예가인 효봉 선생의 독특한 글씨체는 그 자체로도 저작물이라고 할 수 있을까? 법원은 영화 '축제' 사건에서 서예가의 독특하고 개성 있는 글씨체도 저작권법의 보호를 받을 수 있다고 판단하였다.

기념식수 표지석(출처 : 국민일보)

1997년 임권택 감독의 영화 '축제'에서 자신의 글씨를 허락 없이 이용하자 소송을 제기하였는데, 법원은 "이 사건 글자는 원고의 사상, 감정 등을 창작적으로 표현한 것으로서

> 원고의 정신적 노력의 특성이 부여되어 있는 저작물이라고 보여지므로 원고는 위 글자에 대하여 저작재산권과 저작인격권을 취득하였다."고 하며 영화 필름, 홍보물 등에 사용한 것은 저작권 침해라고 판단하였다.

영화 '축제' 사건
[서울지방법원 1997. 2. 21. 선고 96가합42432 판결]

서예가가 독특하고 개성 있는 글씨체를 작품화한 것을 승낙 없이 영화 필름 및 광고물과 소설 표지 및 광고물에 사용한 데 대하여 저작권을 침해한 것으로 인정하여 침해자에게 저작권 침해행위의 금지, 저작권자의 명예 회복을 위한 조치 및 손해배상을 명한 사례.

이후 효봉 여태명 선생의 서체는 '폰트 파일'로도 다수 제작되었는데, HB효봉축제, HB효봉개똥이 등이 그 결과물들이다. 이들 폰트 파일을 이용하여 상표나 제품 포장지 등의 디자인을 제작한 것에 대하여 저작권 침해 소송이 이어지고 있다. 예컨대 정읍시의 지역 브랜드 '정읍 단풍미인' 디자인의 '정읍'이 '효봉축제' 폰트 파일을 이용한 것이고, 유명 소고기 판매 업체의 쇠고기육포 포장지 '100% 우리고기' 글자가 효봉개똥이 폰트 파일을 사용한 것이

영화 '축제' 포스터

었는바, 이에 대해 수천만 원에 이르는 배상을 요구하였고,[100] 협의가 결렬되자 결국 소송을 제기한 것이다.

흥미롭게도 법원의 판단은 영화 '축제' 사건과 달랐다. 문제가 된 '100% 우리고기'는 효봉개똥이체 프로그램 자체를 다운로드하여 문자를 디자인한 것이 아니라, 동 글씨체를 인터넷에서 발견하고 그 글자 이미지를 캡처하여 이를 그림 파일로 불러들여 작업한 것이었는데 법원은 저작권 침해가 아니라고 판단하였다.

먼저 해당 서체 도안은 축제 사건의 서예와 달리 '미술저작물의 일종인 서예와는 달리 개념, 기능, 용도 등에 있어서 차이'가 있어 '특단의 사정이 없는 한 그 자체를 미적 감상의 대상으로 할 의도로 작성되는 것은 아니'라고 하였다. 다음으로 폰트 파일의 저작권 침해와 관련해서는 피고는 출력된 글자를 스캔하여 이용한 것이지 폰트 '프로그램'을 복제하거나 개작한 것은 아니므로, 폰트 '프로그램'의 저작권을 침해한 것은 아니라고 하였다. 결국 '글씨체를 출력한 다음 스캔하여 만든 글자의 사용'은 저작권 침해가 아니라고 판단했다.

---

100) 뉴시스, "원광대 여태명 교수, 서체 무단도용 배상 요구 파문", 2012. 4. 10.자

**[서울동부지방법원 2013. 1. 18. 선고
2012고정494, 2012고단1923 판결(확정)[101]]**

o 2012고정494
- 서체 도안은 미술저작물의 일종인 서예와는 달리 개념, 기능, 용도 등에 있어서 차이가 있는바, 이 사건 서체 도안을 포함하여 일반적인 서체 도안의 경우 특단의 사정이 없는 한 그 자체를 미적 감상의 대상으로 할 의도로 작성되는 것은 아니라고 할 것임.
- 이 사건 서체 도안은 그 미적 요소 내지 창작성이 문자의 본래 기능으로부터 분리·독립되어 별도로 감상의 대상이 될 정도의 독자적 존재를 인정하기 어려우므로 저작권법상 보호의 대상이 되는 저작물 내지는 미술저작물이라고 보기 어려움.

o 2012고단1923
- 피고인이 이 사건 글씨체 프로그램 자체를 다운로드하여 그 프로그램을 이용하여 포장지에 쓰일 문자를 디자인한 것이 아니라 위와 같은 방식으로 디자인한 것으로서 이러한 방식의 디자인은 프로그램을 복제한다거나 개작하는 행위에 해당하지 아니함.

FAQ 정리

1. 폰트 '도안'과 달리, 폰트 '파일'은 컴퓨터프로그램저작물이므로 무단 이용 시 법적 책임을 질 수 있다.
2. 학교에게 중대한 과실이 없다면 인쇄소, 출판사 등 외주업체가 무단 이용한 것까지 책임지는 것은 아니다(도급인의 책임).
3. 한글 번들 폰트를 다른 프로그램에서 사용하는 것이 항상 위법한 것은 아니다(마사회 폰트 사건).
4. 제3자가 작성한 문서를 'PDF로 변환'하는 것은 저작권 침해라고 보기 어렵다.

---

101) https://www.copyright.or.kr/mobile/information-materials/law-precedent/view.do?brdctsno=11788

나. UCC 제작 및 업로드

> **Q** (수업이 아닌) 자율적 동아리 활동에서 음악저작물을 이용하였다. 다음 중 저작권 침해의 가능성이 가장 높은 것은?
> ① 학생들이 최신 가요 CD를 재생하며 춤을 춘다.
> ② 학생들이 연주하며 노래를 부른다.
> ③ 교사 또는 학부모가 학생들의 음악 공연을 개인 소장 목적으로 녹화한다.
> ④ 음악이 포함된 학생들의 공연 영상을 블로그, SNS에 올려 공유한다.
>
> **A** ④
> ①, ② 비영리 공연 제29조 : 가능
> ③ 사적복제 제30조 : 가능
> ④ 저작권법 위반 가능성 높음.(단, 경우에 따라 제35조의3 공정이용 해당 여지 있음.)

UCC를 제작하여 공유하는 것은 일상적인 일이 되었다. 학교에서도 학생뿐만 아니라 교사들도 스마트폰으로 UCC를 만들고 바로 SNS에 업로드하는 일이 흔하다. 주의할 점은 인터넷을 통한 '전송'은 비영리라고 하더라도 저작권이 문제 될 소지가 상대적으로 높다는 것이다.

하지만 이 경우에도 수업목적인 경우에는 여전히 자유로운 이용의 길이 열려 있으므로, 지나치게 위축될 필요는 없다.

1) 수업목적 UCC 제작·활용

가) 수업목적 저작물 이용 – 인터넷 전송 가능

> **Q** 교사가 수업 자료 UCC를 직접 촬영하여 학생들이 미리 보고 오도록 LMS에 업로드 했다. 국어 교과목이다 보니 시(詩)가 수록되었고, 사진도 나온다. 허락을 받지 않아도 가능할까?
>
> **O** 제25조 요건을 충족한다면 별도의 허락을 받을 필요가 없다.

제25조 제2항의 요건을 충족한다면, UCC를 만들어 수업목적으로 공중송신하는 데 저작권자의 허락이 필요치 않다. 최근 '플립러닝(flipped learning)'을 위하여 짧은 동영상을 촬영, 학생들에게 수업 자료로 제공하는 교사가 많은데, 여기에 저작물 일부분이 포함되더라도 제25조에

해당하는 경우가 대부분일 것이다. 다만 제25조 제2항의 요건을 충족해야 하므로, 수업을 듣는 학생들만 접근할 수 있어야 하고, 필요하다고 인정되는 최소한의 저작물만 이용하여 한다.

> **저작권법**
>
> 제25조(학교교육 목적 등에의 이용) ① 고등학교 및 이에 준하는 학교 이하의 학교의 교육목적상 필요한 교과용 도서에는 공표된 저작물을 게재할 수 있다.
> ② 특별법에 따라 설립되었거나 「유아교육법」, 「초·중등교육법」 또는 「고등교육법」에 따른 학교, 국가나 지방자치단체가 운영하는 교육기관 및 이들 교육기관의 수업을 지원하기 위하여 국가나 지방자치단체에 소속된 교육지원기관은 그 수업 또는 지원 목적상 필요하다고 인정되는 경우에는 공표된 저작물의 일부분을 복제·배포·공연·전시 또는 공중송신할 수 있다. 다만, 저작물의 성질이나 그 이용의 목적 및 형태 등에 비추어 저작물의 전부를 이용하는 것이 부득이한 경우에는 전부를 이용할 수 있다.

나) MOOC, 유튜브 등 플랫폼 활용

Q 수업목적으로 제작한 UCC를 K-MOOC, TED 등에 개방하려고 한다. 시나 음악도 나오고 인터넷에서 찾은 사진들이 있는데, 출처 표시를 잘 했다면 저작권법상 문제가 될 가능성이 없는가?

X 수업을 듣는 학생들만 접근 가능한 경우와 달리, K-MOOC, TED 등은 불특정 다수인, 많은 사람에게 개방하는 것이므로 저작권법 제25조가 적용되기 어렵다. 출처를 명시했다고 하더라도 저작권 침해 가능성이 있다.

학교 홈페이지나 LMS뿐만 아니라, 접근 통제를 한다면 네이버 카페 등을 수업목적으로 활용하는 것도 가능하다. 다만 유튜브나 K-MOOC 등에 누구나 볼 수 있도록 콘텐츠를 올린다면 제25조가 적용되기 어렵다[제25조 제2항 요건은 제2장 다. 1) 나) 참조].
즉 수업목적으로 제작된 동영상이라고 하더라도 MOOC로 개방하려면[102] 유튜브 등에 올리는

---

102) MOOC(Massive Open Online Course)란 수강인원에 제한 없이(Massive), 모든 사람이 수강 가능하며(Open), 웹 기반으로(Online) 미리 정의된 학습 목표를 위해 구성된 강좌(Course)이다. 우리나라에서는 교육부가 사업 기획 및 총괄을 맡아, 2015년 한국형 무크(K-MOOC)를 서울대, KAIST 등 10개 대학의 27개 강좌로 시작하였다.

영상과 마찬가지로 저작권 처리가 필요하다. MOOC 'Massive Open Online Course'라는 말의 의미 그대로, 강의가 개방되어 많은 사람들이 동시에 수강할 수 있다. 수강생이 해당 학교 학생으로 제한되지 않는바, 저작권법 제25조가 적용될 수 없다.

K-MOOC의 활용(출처 : http://www.kmooc.kr)

2) SNS 등 1인 미디어 활용

 학생들의 동아리 활동하는 모습을 촬영 편집한 UCC를 유튜브에 올렸다. 영상 중에 10초 정도 음악이 함께 녹음되었는데, 별도로 저작권자에게 허락을 받지는 못했다. 수업목적에 해당하지 않는다면, 무조건 저작권 침해가 되는 것인가?

수업목적이 아니더라도, 인용(제28조) 또는 공정이용(제35조의3)에 해당할 수 있다. 다만 별다른 저작재산권 사유를 찾지 못한다면 이용허락을 받아야 하는 것은 물론이다. CCL 등 미리 이용허락의 의사를 밝힌 저작물을 활용하는 방법이 유용하다.

수업과 관계없는 경우라고 하더라도, 허락 없는 저작물 이용이 모두 위법이 되는 것은 아니다. 저작재산권 제한 사유에 해당하면 위법이 아닌데, 대표적으로 저작물의 일부를 이용하는 경우 인용·공정이용에 해당할 수 있다. CCL 등 저작권 문제가 없는 콘텐츠를 골라서 이용할 수도 있다.

가) 인용·공정이용

제2장에서 살펴본 바와 같이 수업목적이 아니더라도 비영리 공연, 사적복제 등 저작재산권이 제한되는 사유들이 있다. UCC와 관련해서는 '인용·공정이용 조항'이 중요한 의미를 가진다. 교사가 업로드하는 UCC는 대부분 비영리이므로, 영리적인 경우보다 '인용·공정이용'의 기준도 상대적으로 평이하게 적용될 수 있다[제2장 다. 2) 가) (1) 참조].

'손담비 미쳤어 UCC 사건'을 보면, 5살 아이가 가수 손담비가 불렀던 '미쳤어'라는 노래를 공항에서 흥얼거리는 장면을 아버지가 촬영하여 53초 분량의 동영상을 블로그에 올렸는데, 법원은 사용된 음악저작물을 '인용'으로 인정하였다. 학생들이 노래 부르는 모습을 짧게 촬영한 UCC를 이용할 때 참고가 되는 선례이다.[103]

---

103) 법원은 원고가 피고 협회의 이 사건 저작물을 이용하여 이 사건 동영상을 제작하여 블로그에 게시한 행위는 저작권법상 복제·전송행위에 해당하나 이는 공표된 저작물의 정당한 인용(저작권법 제28조)으로서 피고 협회의 저작권을 침해한 것이 아니며 그럼에도 불구하고 피고 협회가 피고 회사에 요청하여 원고의 이 사건 게시물이 게시되지 못하도록 한 것은 불법행위에 해당되므로 그 손해배상으로 20만 원을 원고에게 지급할 것을 판결하였다.

> **손담비 미쳤어 UCC 사건**
> [서울남부지방법원 2010. 2. 18. 선고 2009가합18800 판결]
>
> 처음 15초간은 다섯 살 된 딸이 부정확한 음정 및 가사로 따라 하는 것으로 구성되어 있고 그 이후부터는 딸의 춤동작이 보여질 뿐 노래 자체는 촬영 장소의 안내 방송 및 주위 소음 등으로 가사를 판별하기조차 어려운 상태로 녹음되어 있는바… 특별히 상업적으로 포장되어 게시되었다고 볼 수는 없는 점 … 저작물의 시장가치에 악영향을 미치거나 시장 수요를 대체할 정도에 이르렀다고 볼 만한 여지가 없고, 오히려 이 저작물의 인지도를 높이는 방향으로 기여한다고 볼 수 있는 점 등을 종합하면 … 정당한 범위 안에서 공정한 관행에 합치되게 인용한 것으로 판단된다.

심화 학습 — 저작재산권 제한과 저작인격권

제23조~제35조의3 등 저작재산권 제한 조항은 저작인격권과는 관계가 없다. 따라서 제25조 수업목적 저작물 이용에 해당하거나, 인용(제28조)·공정이용(제35조의3) 요건을 충족하는 경우에도 성명표시권, 동일성유지권 등 저작인격권 침해가 되지 않도록 주의해야 한다. 또한 출처명시 의무도 준수해야 한다[제2장 다. 3) 가) 참조].

제38조(저작인격권과의 관계) 이 관 각 조의 규정은 저작인격권에 영향을 미치는 것으로 해석되어서는 아니 된다.

나) 소위 '카피라이트 프리' 저작물 활용

음악이나 사진, 방송 영상 등을 활용하여 UCC를 제작, 유튜브 등에 올리려면, 원칙적으로 저작권자·저작인접권자에게 이용허락을 받아야 한다.

사용료보다 더 큰 부담은 저작권자를 탐색하는 비용이 만만치 않다는 점이다. 전술한 바와 같이 신탁관리단체에게 문의하거나 한국저작권위원회가 운영하는 권리자 찾기 사이트(https://findcopyright.or.kr)를 통해 권리자 탐색에 도움을 얻을 수 있다[제2장 라. 1) 나) 참조].

권리자가 누군지 알았다고 하더라도 교사가 직접 권리자들을 찾아다니는 것은 간단한 일이 아니다. 음악이나 영상저작물은 다수가 공동작업을 하는 것이 일반적이므로, 허락을 구해야 할 사람도 여러 명인 경우가 많다. 예컨대 음원을 이용하는 경우, 연주자·가창자 등 실연자에 대해서도 허락을 받아야 하고 음반제작자의 허락도 받아야 한다[제1장 나. 3) 나) (1) 참조].

이와 같은 현실을 고려할 때 멀티미디어 저작물을 이용하려는 교사는 CCL·KOGL과 같이 오픈라이선스 형태로 미리 이용허락 의사를 밝힌 저작물을 UCC에 이용하는 것이 매우 유용하다 [제2장 라. 2) 참조].

렛츠 CC 사이트(https://letscc.net)에서는 플리커, 유튜브, CC mixter, jamendo 등 CCL이 적용된 저작물을 검색할 수도 있다.[104] 그밖에도 Bensound, Motion Elements 등 일정한 조건만 지키면 무료로 사용할 수 있는 저작물들을 찾을 수 있다.

Let's CC(http://www.letscc.net/)

아직 다양한 저작물이 축적되지는 못했지만, 문화체육관광부 산하의 공공기관 한국저작권위원회가 운영하는 공유마당(https://gongu.copyright.or.kr)과 한국문화정보원이 운영하는 공공누리(http://www.kogl.or.kr)에서도 공유저작물, 기증저작물, 공공저작물 등 무료로 사용할 수 있는 저작물들을 모아두고 있어 참고가 된다.

---

104) 렛츠CC(Let's CC)는 글로벌 서비스의 API를 이용하여 사용자들이 많이 사용하는 사진, 클립아트, 음악, 문서의 대표 서비스들을 모아 하나의 화면으로 검색 결과를 보여주는 CC 라이선스 콘텐츠 전문 검색 서비스로서 사단법인 코드(C.O.D.E)가 운영하고 있다.

공유마당 사이트

공공누리 사이트

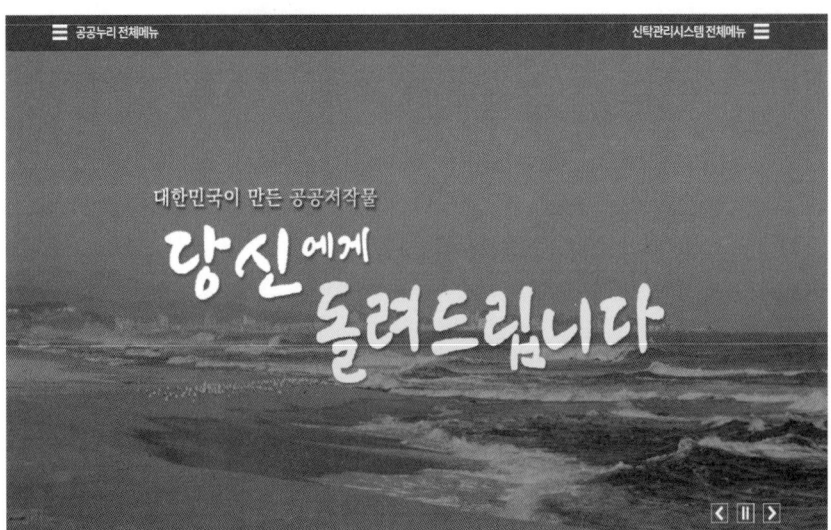

구글 이미지 : 라이선스별로 필터링이 가능하다.

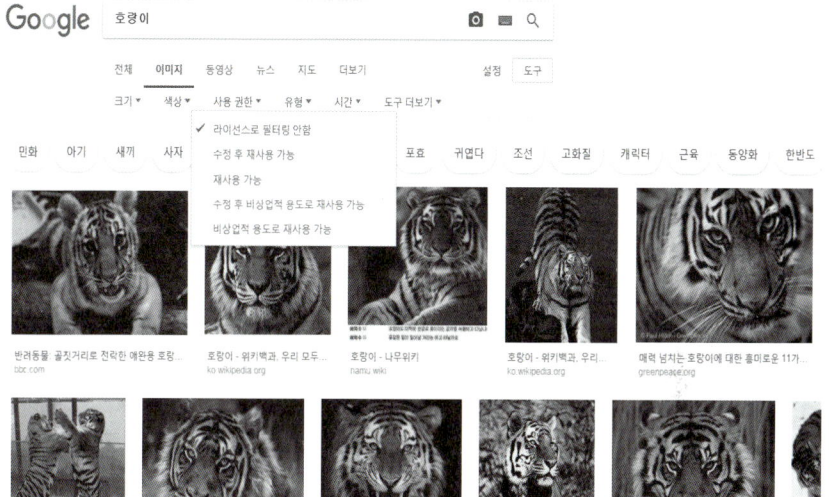

도움말	**플랫폼 사업자의 저작권 관련 지원**
	플랫폼 사업자들은 가입자들의 적극적 활동이 자신의 이익에도 직결되므로, 저작권에 대한 부담을 덜어주기 위한 지원 활동을 펼치기도 한다. 예컨대 유튜브는 유튜브 크리에이티브 스튜디오의 오디오 라이브러리를 통해 무료로 이용할 수 있는 음악과 음향효과를 다운로드 받을 수 있도록 하였다.[105] 저작권 문제가 되는 구간의 오디오 트랙을 쉽게 바꿀 수 있는 툴을 제공하기도 하고, 저작권자가 미리 설정한 저작권 정책을 검색할 수 있는 게시판도 제공한다. 아프리카TV 역시 음악신탁관리단체와 저작권 계약을 추진해 왔는바, 사실상 저작권 이용허락을 업로더 대신 플랫폼 사업자가 해결해주는 효과가 있다.

---

105) UCC 제작 및 활용에 대해서는 최진원(2019), 1인 미디어 창작자를 위한 저작권 안내서, 문화체육관광부·한국저작권위원회 참조(한국저작권위원회 홈페이지 발간자료-조사연구에서 PDF 다운로드 가능).

[크리에이터 스튜디오] - [만들기] - [오디오 라이브러리] 메뉴
(https://www.youtube.com/audiolibrary/music)

유튜브 오디오 라이브러리

 | 저작권 외에도 초상권이나 개인정보, 명예훼손 등에 대한 사항도 유의하면 좋을 것이다[제3장 다. 3) 참조].

다. 홈페이지 관리

대부분의 학교나 교육청 등이 홈페이지를 운영하면서 행사나 교육자료 등의 정보를 제공하고 교육 수요자와의 소통을 강화하고 있다. 홈페이지나 블로그의 운영은 교육의 질이 향상되는데 큰 기여를 하고 있으나, 불법 저작물이 이용되었다는 이유로 학교장에게 경고장을 발송하거나 고소까지 하는 일들이 발생하고 있다.[106]

1) 수업 자료의 업로드

수업목적으로 저작물의 공중송신이 가능하다. 책 한 권을 통째로 PDF 파일로 올리는 것과 같이 지나치게 많은 분량을 이용하지 않아야 한다거나 수업목적에 부합해야 한다는 등의 제25조 요건을 충족해야 하는 것은 물론이다[제2장 다. 1) 나) 참조].

다만 인터넷을 통해 전송하는 경우, 오프라인 이용에서 나아가 접근제한조치, 복제방지조치, 경고문구의 표시를 잊지 않아야 한다.

수업목적 저작물 전송 시 조치 사항

- 전송하는 저작물을 수업을 받는 자 외에는 이용할 수 없도록 하는 접근제한조치(저작권법 시행령 제9조 제1호 가목)
- 전송하는 저작물을 수업을 받는 자 외에는 복제할 수 없도록 하는 복제방지조치(저작권법 시행령 제9조 제1호 나목)
- 저작물에 저작권 보호 관련 경고문구의 표시(저작권법 시행령 제9조 제2항)

가) 접근제한조치

수업을 받는 자 외에는 이용할 수 없도록 조치를 취해야 한다. 대단한 기술이 필요한 것이 아니라 회원 가입과 로그인 절차를 취하는 것으로 대부분 해결된다.

제25조의 요건을 충족하는 범위의 저작물 전송은 학교 홈페이지뿐만 아니라, 교사 개인이 운영하는 카페, 블로그 등을 통해서도 가능하다. 수업을 받는 학생 외에는 이용할 수 없도록 접근제한을 해야 하므로, 회원인증 절차를 통해 교사·학생 등 회원 업데이트가 필요하다. 특히

---

106) 전술한 바와 같이 폰트 파일 분쟁 중에도 홈페이지에 사용된 폰트를 문제 삼은 사례가 있다.

교사가 개인적으로 운영하는 카페·블로그의 경우 학년이 바뀌거나 전학 등으로 수강생이 변경될 때 이를 반영하여 적절하게 접근 권한을 부여할 수 있도록 지속적인 관리가 되어야 한다.

나) 복제방지조치

수업목적으로 전송된 저작물이 마구 복제되어 이용되는 것을 방지하기 위하여 복제방지조치를 취하도록 하였는데, 흔히 마우스 '우클릭 금지'와 같이 HTML을 수정하는 방법을 적용한 것만으로도 저작권법상 복제방지조치를 취한 것으로 보고 있다.

다) 경고문구 표시

저작권 보호를 위한 경고문구는 법령상 특별한 예시가 없으며, 적절하게 표시해 주면 된다. 일반적으로 '저작권 침해 시 법적 책임을 지게 된다.', '저작권법을 준수해야 한다.' 정도의 문구를 표시하고 있다.

2) 불법 저작물이 업로드된 경우

Q 학교 홈페이지 게시판에 누군가 사진 몇 장을 올린 것을 이유로 학교로 경고장이 왔다. 학교도 책임을 지게 되는 경우가 있는가?

O 학교가 관리하는 홈페이지에 불법 저작물이 업로드되면, 업로드한 사람뿐만 아니라, 홈페이지 관리자인 학교도 법적인 책임을 질 수 있다. 하지만 불법 저작물을 인지하는 즉시 복제·전송을 중단하는 등 온라인서비스제공자의 책임 제한(제102조) 요건을 충실하게 이행한다면 책임을 면할 수 있다.

가) 교직원이 업로드한 경우

Q 과거 교육교재로 인쇄를 허락받은 자료를 스캔하여 홈페이지에 업로드하는 것은, 한번 저작권자에게 허락을 받은 것이므로 문제가 없다고 생각한다. 맞는가?

X 허락받은 이용방법 및 조건을 확인해야 한다. 오프라인 인쇄만 허락을 받았는데, 온라인에 업로드하는 경우 허락받은 범위를 넘어서는 것이 될 수 있다. 예컨대 복제·배포만 허락을 받았는데, 이를 인터넷을 통해 공중송신하는 경우에는 별도의 허락이 필요하다.

> **저작권법**
> 제46조(저작물의 이용허락) ① 저작재산권자는 다른 사람에게 그 저작물의 이용을 허락할 수 있다.
> ② 제1항의 규정에 따라 허락을 받은 자는 허락받은 이용방법 및 조건의 범위 안에서 그 저작물을 이용할 수 있다.

과거에는 교직원이 저작물을 무단 업로드했다가 문제되는 경우가 많았다. 누구나 접근할 수 있는 게시판이라면 제25조 수업목적 저작물 이용 조항의 적용을 받기도 쉽지 않다. 열심히 하려다가 생긴 문제이지만, 법적인 책임을 피하기는 어렵다. 최근에는 허락을 받은 범위를 넘어선 이용이 문제 되는 경우가 많다. 예컨대 복제하여 오프라인에서 이용할 것에 대해서만 허락을 받았는데, 이를 스캔하여 온라인 게시판에 전송하는 것과 같은 일들이다.

교직원이 저작권을 침해한 경우 학교 법인의 대표자도 법적인 책임을 질 가능성이 있다. 특히 형사벌의 부담도 질 수 있도록 저작권법에 명시되어 있는데, 이를 양벌규정이라고 한다.

'위반행위를 방지하기 위하여 해당 업무에 관하여 상당한 주의와 감독을 게을리하지 아니한 경우' 면책이 가능하므로, 저작권 관리 체계 구축 등 교직원에 대한 관리 감독과 저작권 교육에도 신경을 써야 한다.

> **저작권법**
>
> 제141조(양벌규정) 법인의 대표자나 법인 또는 개인의 대리인·사용인 그 밖의 종업원이 그 법인 또는 개인의 업무에 관하여 이 장의 죄를 범한 때에는 행위자를 벌하는 외에 그 법인 또는 개인에 대하여도 각 해당 조의 벌금형을 과한다. 다만, 법인 또는 개인이 그 위반행위를 방지하기 위하여 해당 업무에 관하여 상당한 주의와 감독을 게을리하지 아니한 경우에는 그러하지 아니하다. 〈개정 2009. 4. 22.〉

나) 제3자가 업로드한 경우

학교나 교육청 등이 운영하는 홈페이지에 제3자가 불법적으로 저작물을 공유한 경우에도, 학교 등이 책임을 지는 경우가 있다. 즉 블로그나 게시판 등에 불법 저작물이 업로드 되었는데, 운영자가 이를 적시에 조치하지 않으면 업로더와 함께 운영자 역시 법적 책임을 지게 된다. 다만 제102조에서는 홈페이지나 게시판, 블로그 등을 운영하는 자의 부담을 덜어주기 위하여 몇 가지 조치만 취하면 침해 책임을 지지 않도록 면책 규정(Safe Harbour) 조항을 마련해 두었다.

저작권법에는 면책이 되기 위한 7가지 요건을 언급하고 있는데, 일반적인 학교라면 사실상 ① 반복적 침해자 계정 해지 방침 ② 침해 인지 시 복제 전송 중단 ③ 중단 요구받을 자의 지정 공지 등 3가지 요건에 주의하면 큰 문제가 없다. 대부분의 학교가 이들 요건을 어렵지 않게 지키고 있는 것으로 추정되므로, 인지 즉시 복제 전송 중단만 신경 쓰면 크게 걱정할 필요는 없다.

예컨대 대구범어초등학교 홈페이지를 보면, 이용 약관 제22조에 '제3자의 지적재산권을 침해하는 경우' 사전통지 없이 이용계약을 해지하거나 또는 기간을 정하여 서비스 이용을 중지할 수 있다고 밝혔으며, 저작권 신고 접수 담당자 연락처를 기재해두고 있다.

대구범어초등학교 홈페이지 - 담당자 연락처가 기재되어 있다.

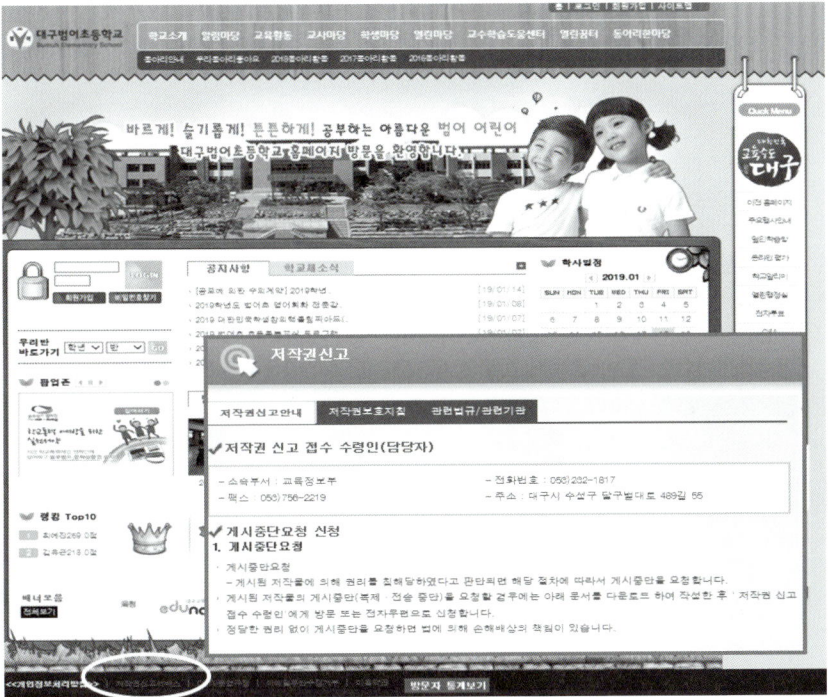

저작권법

제102조(온라인서비스제공자의 책임 제한) ① 온라인서비스제공자는 다음 각 호의 행위와 관련하여 저작권, 그 밖에 이 법에 따라 보호되는 권리가 침해되더라도 그 호의 분류에 따라 각 목의 요건을 모두 갖춘 경우에는 그 침해에 대하여 책임을 지지 아니한다. 〈개정 2011. 6. 30., 2011. 12. 2.〉

3. 복제·전송자의 요청에 따라 저작물 등을 온라인서비스제공자의 컴퓨터에 저장하는 행위
   가. 제1호 각 목의 요건을 모두 갖춘 경우
   나. 온라인서비스제공자가 침해행위를 통제할 권한과 능력이 있을 때에는 그 침해행위로부터 직접적인 금전적 이익을 얻지 아니한 경우
   다. 온라인서비스제공자가 침해를 실제로 알게 되거나 제103조 제1항에 따른 복제·전송의 중단요구 등을 통하여 침해가 명백하다는 사실 또는 정황을 알게 된 때에 즉시 그 저작물 등의 복제·전송을 중단시킨 경우
   라. 제103조 제4항에 따라 복제·전송의 중단요구 등을 받을 자를 지정하여 공지한 경우

카페, 블로그, 웹하드 등 저장서비스 운영자의 면책 요건 7가지

제1호
- 가. 온라인서비스제공자가 저작물 등의 송신을 시작하지 아니한 경우
- 나. 온라인서비스제공자가 저작물 등이나 그 수신자를 선택하지 아니한 경우
- 다. 저작권, 그 밖에 이 법에 따라 보호되는 권리를 반복적으로 침해하는 자의 계정(온라인서비스제공자가 이용자를 식별·관리하기 위하여 사용하는 이용권한 계좌를 말한다. 이하 이 조, 제103조의2, 제133조의2 및 제133조의3에서 같다)을 해지하는 방침을 채택하고 이를 합리적으로 이행한 경우
- 라. 저작물 등을 식별하고 보호하기 위한 기술조치로서 대통령령으로 정하는 조건을 충족하는 표준적인 기술조치를 권리자가 이용한 때에는 이를 수용하고 방해하지 아니한 경우

제3호
- 나. 온라인서비스제공자가 침해행위를 통제할 권한과 능력이 있을 때에는 그 침해행위로부터 직접적인 금전적 이익을 얻지 아니한 경우
- 다. 온라인서비스제공자가 침해를 실제로 알게 되거나 제103조 제1항에 따른 복제·전송의 중단 요구 등을 통하여 침해가 명백하다는 사실 또는 정황을 알게 된 때에 즉시 그 저작물 등의 복제·전송을 중단시킨 경우
- 라. 제103조 제4항에 따라 복제·전송의 중단요구 등을 받을 자를 지정하여 공지한 경우

3) 기타 주의 사항

가) 폰트 파일

학교 홈페이지에 유료 폰트를 무단으로 이용하는 것도 저작권 침해가 되는가?

폰트 파일을 무단 이용하는 것은 저작권 침해가 된다[제3장 가. 2) 나) 참조].

홈페이지나 이러닝 제작 시 폰트 파일의 저작권 문제도 주의해야 한다. 전술한 바와 같이 폰트 파일에 대한 저작권 분쟁이 빈번하게 발생하고 있는 상황이므로, 폰트 파일의 라이선스의 범위까지 주의할 필요가 있다. 홈페이지에 무단 이용된 서체가 문제 되었던 '디자인풍선 사건' 등 다수의 사례에서 저작권 침해가 인정된 바 있다.

> **디자인풍선 사건**
> **[서울북부지방법원 2013 .10. 17. 선고 2013가소44349 판결]**
>
> 디자인풍선이라는 상호로 영업하면서 그 광고를 위해 홈페이지에 원고의 허락 없이 원고가 저작권을 가진 PNH FAST 서체 폰트를 사용한 것에 대해 저작권 침해를 인정함.

나) 초상권, 명예훼손 등

교직원이 직접 촬영한 학생들의 사진을 찍어서 홈페이지에 올리는 것은, 저작권이 촬영자에게 있으므로 문제가 없는가?

학생의 초상권 등 인격권이 문제 될 수 있다. 저작권이 촬영자에게 있는 것은 사실이나 초상권이 문제 될 수 있으므로, 사전에 동의를 구하는 것이 적절하다.

사진관에 내 사진이 걸려 있다면, 마냥 기분이 좋을까? 교사가 선의로 교내 활동을 촬영하여 업로드하는 것은 대부분의 학생, 학부모로부터 호응을 받는 일이다. 하지만 법적으로는 초상권 등 인격권이 침해될 우려가 없지 않다. 교사가 직접 촬영하여 사진저작물에 대한 저작권이 교사에게 있다고 하더라도, 이를 홈페이지에 올리기 위해서는 학생의 동의를 구하는 것이 바람직하다. 사람이 아닌 캐릭터도 미술저작물에 해당하므로, 무단으로 이용하는 것은 문제 될 여지가 크다. 그밖에도 저작권 문제는 아니지만, 유명인의 퍼블리시티권이나 개인정보 , 명예훼손 등도 간과되어서는 안 된다.

저작권법

제35조(미술저작물등의 전시 또는 복제) ④ 위탁에 의한 초상화 또는 이와 유사한 사진저작물의 경우에는 위탁자의 동의가 없는 때에는 이를 이용할 수 없다

(출처 : 저작권 문화 Vol.305, 30면)

저작권관계자료 2020-02
학교 교육과 저작권

초판 1쇄	2020년 2월
집 필	최진원(대구대학교)
펴 낸 곳	한국저작권위원회
주 소	(52852) 경상남도 진주시 충의로 19(한국토지주택공사 1, 2, 5층)
	(04323) 서울특별시 용산구 후암로 109(게이트웨이타워 5, 16층)
전 화	055-792-0000
홈페이지	www.copyright.or.kr
디 자 인	창원시직업재활센터(전화 : 055-288-3220)

ISBN 978-89-6120-445-3 (94010)
ISBN 978-89-6120-038-7 (세트)

값 5,000원